做新教师，从教育发现开始

教育即道德

JIAOYU JI DAODE

田保华 著

山东文艺出版社

图书在版编目（CIP）数据

教育即道德/田保华著. —济南：山东文艺出版社，2011.10
 ISBN 978－7－5329－3451－5

Ⅰ.①教… Ⅱ.①田… Ⅲ.①中小学—教师—职业道德 Ⅳ.①G635.16

中国版本图书馆 CIP 数据核字(2011)第 030733 号

主管部门	山东出版集团
集团网址	www.sdpress.com.cn
出版发行	山东文艺出版社
电子邮箱	sdwy@sdpress.com.cn
地　　址	济南市英雄山路 189 号
印　　刷	山东新华印刷厂
版　　次	2011 年 10 月第 1 版 2011 年 10 月第 1 次印刷
规　　格	开本/170×240 毫米　16 开 印张/11.5　插页/2　千字/124
定　　价	28.00 元

目 录

导言　诘问教育

第一章　教育即道德
　　拯救教育,他们如是说/17
　　合乎道,至于德/31

第二章　课堂,应该拿什么献给学生
　　把握课堂的方向/43
　　把握道德课堂的方向/52
　　通往道德课堂的路径/61

第三章　第三只眼睛看校本教研

校本教研再认识/77

校本教研推进路径/86

加强学科建设,促进教师专业成长/104

第四章　道德回归

德育的途径/117

道德与育人/125

第五章　文化重建

课堂文化是现代学校文化的最高境界/137

构建新型教师文化/146

课程文化是校园文化的集大成/150

第六章　对话道德课堂

构建合乎"道"至于"德"的道德课堂/157

附　录

一场关于道德课堂解与构的对话/167

导言　诘问教育

教育是什么？

对于教育，东汉经学家、文字学家许慎在《说文解字》中有着十分精辟的解释："教，上所施下所效也；育，养子使作善也。"教育使人成为人，教育必定包含着教人做人，使人向善，使人向上的意图和努力。这是教育的目的和核心。

今天当我们将要赋予这个名词以新内涵的时候，似乎却又要怀着沉重的心情来面对。教育再也不是一个轻松愉快的话题。

中国的教育改革举步维艰，人民不满意，官方不满意，学生不满意，教育工作者也不满意。我们的教育到底怎么了？

那一刻，教育变得尴尬

2008年10月4日，是山西某地二中高一新生开学的日子，按照学校规定，晚上7时的晚自习是学生们到校后上的第一节课。高一（16）班的班主任郝旭东早早就来到了教室里。晚7时30分左右，他轻轻地走到班长跟前，询问班费的收缴情况。当被告知有两名同学还没有缴，其中包括李明（化名）时，他抬起目光望向李明。

李明正在座位上悠闲地抽着烟，烟盒放在桌子上。对这名学生，郝旭东很是无奈。

不好管也得管。他轻轻地走到李明面前，从他的手中拿走了烟蒂，把烟盒交给班长保管。然后继续走动着巡视，丝毫没有意识到危险正向他逼近。

7时44分，郝旭东再次走到了李明的座位旁时，李明突然站了起来，手中拿着一把弹簧刀，猛地刺向郝旭东的腹部。郝旭东忍着剧痛，捂着流血的肚子向讲台方向退去，但李明并没有就此罢手，他追上前去，将正向前门挣扎的郝旭东一把搂住脖子，右手持刀再次向郝旭东老师刺去，直到郝旭东倒在血泊中。（人民网）

2008年10月23日，在失踪两天后，浙江某中学31岁女教师潘伟仙的遗体在县城附近的一座山上被找到，而杀害她的竟然是她的学生丁某。

10月21日中午，因为学生丁某前一天逃课，潘老师找他谈话，丁回答说是上网去了。潘老师本想给丁某的家长打电话，但没联系上，只好中午丁某带着去他家家访。下午2点25分，丁某从校外回到教室，有老师问他，潘老师怎么没一起回来？丁某回答说，他俩在校门口就分开了。直到晚自习课时间，潘老师一直没有出现。第二天，学校发现潘老师手机关机，住处无人，遂向警方报案。当晚10点左右，警方在一座山上找到潘老师的尸体。而犯罪嫌疑人就是她的学生丁某。据丁某交代，他借口父母不在家，而爷爷奶奶在山上干活，便将潘老师骗到山上后掐死。

据了解，今年17岁的丁某跟着爷爷奶奶生活。在学校老师的印象里，成绩不算好的丁某性格孤僻、内向，不合群，曾多次逃课上网，还打过架。

潘老师是2008年8月才调到盘溪中学的，此前她在缙云一所偏远的山区学校任教。她去年带的班是县里的优秀班级，而她本人也曾连续5年被评为县优秀教育工作者或校级优秀老师。在同事的印象中，潘老师说话温和，对学生很负责——每天学生晚自习，她都会在学校，等住校学生晚上睡觉关了灯，她才回家。（人民网）

2008年10月28日18点43分，某大学法学院教师程春明正准备上课时,该校政治与公共管理学院2005级学生付某突然闯进教室,使用利器袭击程老师,造成其重伤,经抢救无效不幸身亡。

事件发生后,学校心理健康与咨询中心全体工作人员赶到事发现场,对在现场的同学进行心理辅导和心理安慰。经排查,此次事件对当时在现场的19名同学造成的心理冲击非常大,经过辅导,绝大部分同学情绪基本稳定,学校将对这些同学进行长期跟踪,并定期进行心理干预。

22岁的犯罪嫌疑人付某为2005级政治与公共管理学院学生。据该大学新闻发言人刘长敏介绍,付某系天津人,在校期间学习、与人沟通等方面均属正常……(人民网)

时间总会磨洗太多的痕迹,但我们似乎不应该忘记连续发生三起弑师案的那个十月。那一刻,中国教育变得尴尬无比!

三起学生杀害老师的案件,震惊世人。网络和媒体上掀起师生关系为何如此恶化的大讨论,虽然缘由各不相同,但三起命案如此集中、如此惨烈,以致人们不得不问:学生怎么了?教育怎么了?

两起"弑师案",两名施暴的学生中,一人留下"死亡日记",其中把自己描述为"倒数第一、差生、坏学生,一块臭肉坏了一锅汤",并自认为"我的人生毁在了老师手上";另一名学生勒死老师的原因,居然是惧怕老师家访后,家长会对其进行指责和惩罚。

今天的反思或许更会让我们体悟教训的深刻。当单一的升学目标成为教育成功的标准,当教育的功利性遍染教师、学生、家长,当本应美好的师生关系变为仇雠相对，我们发现教育缺失的恰恰是"道德"！

"我被中国教育逼疯了"

我被中国教育逼疯了，我不清楚自己是怎样走到今天这种地步的。

五年级是痛苦的开端：我考入了强化班，父亲开始注重我的名次。六年级，为让我考入好初中，父亲将我送往离家较远的地方上学，在校外租了间房子，我一人自理生活。每逢暑假父母较忙（父母没有什么文化，双双务农），我就揽下所有家务，还得看弟弟。我认为农民子女就应该这样。读书几月没人探望，我走了两个多小时回家。见到父母时，第一句话竟是问成绩，临别还是，我意识到成绩的重要性了。

我有个表哥，因为成绩好，亲戚一直拍他马屁，过年时一堆人围着他父母尽情奉承。"你也跟人家学学，多交流交流，长长脑子……"父亲说。我不动，父亲就叫母亲催。我本来就很自卑，再让我和成绩好的人说话，万一被加上个"带坏好学生"的罪名就不得了了。"你看这种败类怎么办……"父亲于是骂道。在他看来，排名不在前一二名的都是差生（我那时成绩通常在前10名，最差20名左右）。

没人看得起我，亲戚都轻视我，我知道这是父亲宣传的。

暑假我不停地忙家务，他却对别人说我好吃懒做。他逼我考高分，近乎不择手段，以前是打，现在是施压，还号召爷爷奶奶等来施压。

中考前，父亲那句话我今生难忘："考不上江中（我们那儿最好的中学），你就去死，家里有药有绳……"我是含着泪跑回房间的。我不明白，考一个好高中比儿子的存在更重要？后来我考上了，亲戚仍用异样眼光看我，因为父亲已把我说得猪狗不如。

我在父亲面前从来没有自尊，在父亲看来，只有考高分的学生才能有自尊。

上高中后，我毛病百出，先是强迫症，这学期头又疼，已经疼了两次，每次疼两周，需挂一星期点滴，医生说是压力太大造成的——我一进学校，无异于进了监狱，分外难受。

2008年元旦回家，我和父亲又吵起来了。父亲又说了那段他说了无数遍的话："考不上一本你就去死，早点死，你死了老子不会掉一滴泪……"我实在无法忍受，说了句心里话："没有你，我不会这么差。"换来的只是嘲讽。叔叔说应多鼓励我，父亲拍案："他不是那种人，跟畜生还讲鼓励……"我出了屋。

父亲与老师只要成绩，我的感受却无人问津。班主任常打电话给父亲让父亲给我施压，我每次向班主任说真话换来的只是怀疑与鄙夷，她只看到我成绩的下降。

有天我带了本《莫泊桑小说集》到班上，被没收。班主任说，没把成绩搞上去不允许看，这些书只会使人越来越颓废。

第二天下课我翻了翻《雅舍小品》,又被没收。班主任甚至不允许我写小文章,认为语文老师未作要求而学生去写是浪费时间。

隔了一两天,班主任打电话给父母,父母来了。班主任说我头痛是因为小说看多了。我无言以对。"你想不想参加高考?说实话。"班主任问。父母都在身旁。

我踌躇再三——"不想!"我不该说真话。现在的老师只喜欢假话。接下来事情越来越糟,班主任与父亲整整逼了我一个多小时!"收拾书包回去……回去你也别想活!"听着父亲的这句话我冲出了办公室。我受够了!我当时心跳加速,有些颤抖,接着做了出乎自己意料的事——跑回教室,将教科书全部扔到了楼下!我真的受够了……

我曾想过自杀,但我不甘心被中国教育折磨死。我恨父亲,但没有真正恨过,我更恨中国教育,是中国的教育让所有亲人只用分数衡量人。

这学期父亲本来不准备让我上学,许多人说情,我又上了学,但上学只是等死。我的心理已经承受不了了。写这篇文章的时候,我只想问:下一步,我该怎么办?

下一步,我该怎么办?

2009年2月5日出版的《南方周末》"自由谈"专版登载了一篇题为《我被中国教育逼疯了》的文章,作者是一安徽籍的高三学生。文中作者叙述了在以分数论英雄的应试教育环境下,其自小学至高中遇到的种种压抑、挫败感。这篇文章一经登载,即引起社会的广泛关注，从笔者读到的评论中，多是对中国教育现状深感忧虑。尺幅短句不足深究其缘由，只要看看孩子们睡眠不足的面容、披星戴月的身影，就一定会意识到哪个环节、哪些制度出了问题。

笔者愿意这样审视教育的"真相"：教育的纯真就是孩子在学习（成长）过程中的情感体验和心灵感悟；学习（成长）的过程也是每一个孩子在体验中不断地感知、感悟、积累的过程；教育的任务就是要改善学生对学习的体验和感受，无条件地保护、甚至捍卫学生的主动性，而不是控制学生。

当前，我们的教育承担了不应由它来承担的过多的社会压力：升学、就业、致富、当官、成名成家……这些压力通过考试、升学的途径，全部加诸中小学生和教师、家长、校长的身上。这是教育目的的扭曲。

孩子的学习成绩不理想，家长着急，老师也着急，可是我们也许忽略了，最痛苦的是孩子本人。他能体会到周围所有人对他的不满，能感知到周围所有人对他的失望，这种痛苦即使是成年人也很难承担。

于是，今天的孩子越来越厌学，今天的教育越来越变得"死气沉沉"。教育者一厢情愿地设计，迫使学生就范；教育者过于执著地用大脑教育，而忽视心灵感应；教育者过于迷信教育模式和技术，而不是从生命发展规律出发，顺其自然地激发生命本来的潜能。这一切让我们在一条名之谓"教育"的道路上与教育的初衷渐行渐远！

我们的课堂、我们的教育丢失了幸福！

教育丢失了什么？

在教育功利化的当下，孩子恨，家长怨，老师苦，校长烦，我们的教育难道仅仅丢失了幸福？姑且让我们细数这几宗罪——

一宗罪："应试本位"的教学观

当"应试本位"取代"育人本位"，必然造成教育的"育人"功能错位。基础教育成了单纯的升学预备教育，学校的一切教育教学活动都围绕着升学考试来组织实施。有的把办学目标直指升学，为了达到升学目的，不顾上级三令五申，敢冒国家法律法规，考什么就教什么、怎么考就怎么教、怎么有利于升学就怎么管理……为了升学而牺牲学生的健康发展的做法比比皆是。

二宗罪："知识本位"的课堂观

知识本位的教育是应试教育的产物，"知识本位"的课堂观是"应试本位"的教学观在课堂上的直接体现。知识本位的教育模式，过于片面地突出知识的教学。事实上，由于过于片面，知识本位的教育并不是正常的知识教育，而是正常的知识教育的异化。为了取得好的分数，为了获取好的排名，为了得到更高的升学率，重智轻德、忽略艺体的现象已成为学校的普遍行为。国家新课程方案所提出的"三维目标"（知识与技能、过程与方法、情感态度与价值观）并没有得到全面的贯彻执行。为了追求升学率和好的考试成绩，在对升学考试学科的教学中，教师往往只关注了知识与技能的教学，而对过程与方法的训练和情感态度与价值观的培养明显不够,对非升学考试学科不开或少开的状况比比皆是,研究性学习、"综合实践活动"等更是形同虚设;超进度教学、过早分科教学等办学行为失范现象已是常态。在应试教育的影响下,知识本位的教育在培养少数人应试成功的同时,造成多数人成为学习的失败者。

三宗罪:"分数本位"的评价观

在"分数本位"的评价观下,一些地方教育部门和学校单纯地把升学率作为硬指标,强化了以升学为第一要务的功利主义教育倾向。有的对学校、对老师运用升学指标进行管理;有的按照升学成绩高低对学校和教师进行奖惩;更有的地方党委、政府领导也积极加入到"应试教育"推波助澜的潮流中,把教育的健康发展当成"软任务",而把升学率当成"硬任务",习惯于像抓 GDP 一样抓升学率,用升学率作为考核教育部门和学校的主要指标,对应试教育产生了"保驾护航"的恶劣影响。在这种政绩观的驱动下,学校的管理行为与教师的教学行为都发生了异化——育人已不是学校教育的根本价值追求和教师的天职。为了追求升学率,乱办班、乱补课等不端的教育行为屡禁不止;为师不廉、为师不德、为师不尊等师德失范的现象严重扭曲了学生心目中的师表形象;学校教育严重偏离了"育人"轨道,成了制造考试机器的"工厂"。

此三宗罪让当前的教育患了病,笔者愿意这样开这张诊断单:

具体症状具体表现——

⊙ 课堂"灌"

⊙ 作业"滥"

⊙ 考试"多"

⊙ 管理"死"

具体危害表现——

教育：高碳、高消耗，低效、无效甚至负效；师生苦、师生累；扼杀了鲜活的生命形式；恶化了师生的生存状态。

学生：主体地位丧失，生命活力缺失；少的是积极、愉快、兴奋、发现、成功的体验；多的是枯燥、乏味、疲惫、厌烦、挫折的感受。

教师：事倍功半，丢失职业幸福感。

诊断结果——

学校教育误入"不道德"甚至是"反道德"的歧途。

这样的教育"缺德"！

李炳亭先生写过一篇颇值得玩味的小文《制造"差生"的十条最佳途径》，笔者深以为然。这十条制造差生的途径，笔者更愿意称之为当今学校教育"缺德"的十个表现。

录于此，与大家分享——

1. 对于调皮的孩子，无论课堂上他多想发言，小手举得多高，请记住，你一概要视而不见。如果遇到有校长听你的课，你不得不给这样的孩子一次发言机会；也请记住，待他发言之后，无论他回答得多么正确，咱们当老师都要精益求精到鸡蛋里挑骨头，反正谅一个小孩子的学识也不可能高得过咱吧？

2. 布置50道作业题目，如果第二天交上来，只要有一道是错误的，就要毫不客气地予以指正，并且很是"关怀地、略微温柔地"对他说："这道题如此简单，怎么还会出错？"这招对于那些很情绪化的学生来讲特别管用，你还要知道"马无夜草不肥"的道理，成绩靠作业，致富靠"偷盗"，好教师一般都是作业高手，做不完别人的可以，完不成我的不行！

3. 在上课铃打响之后，学生们还在兴高采烈尚未来得及反应之时，你一个箭步跨上讲台，猛然一声断喝：肃静！而且再快步跑下去，扯着最活跃的某位倒霉蛋的耳朵，厉声训斥他：难道你是聋子？你爸妈没遗传你好耳朵吗？

4. 你永远要敢于亲近成绩好的学生，尤其是尖子生。而且有经验的老师，特别是在讲授新课时，要善于瞄准"中等以上"的学生，至于"中等以下"的那部分，原则上是别在他们身上浪费时间，因为课堂上只有45分钟。而且成绩好的学生一般会骄傲得自以为是，你可别忘了用各种手段打压，提醒他们说："名师出高徒，你小子能什么呢！"对于那些成绩差的，你一定要善于强调"龙生龙、凤生凤，老鼠生来会打洞"，学不好责任原本不在教师！

5. 一旦发现孩子有厌学倾向，你要善于立马家访，公然和孩子及其父母一起，公开研究他成为差生的原因，最好不谈他的学习习惯和学习兴趣，而是把他学不好的主要原因上升到思想品质的高度上，并且要接连不断地让校长、同事知道，你所接手的班全是"榆木脑袋"、"一窝笨蛋"。

6. 在全班、全校学生面前公布每一位学生的考试成绩，并且在家长会上宣读学生的考试成绩，边宣读边点评，成绩好的表彰，差的批评；并且请差生家长来学校接受教育，告诉他们"家长是孩子的第一任老师"这个道理，学不好的责任当然在家长，要不为什么别的孩子可以学好？

7. 如果你教语文，每次大考之前，你要圈定几篇范文，让学生背诵，并且要检查背诵情况，背诵不好的要罚站，或者罚扫地，保准这样的孩子既讨厌学习也讨厌劳动。如果校长一定要给你要考试成绩，很简单，事先透露些分值高的试题呀。不知道考什么？你可真笨，请你在教研室负责出题的同学喝酒呀！

8. 让学生讨厌外语课的最好方法是你要接连不断地纠正他们的发音，让他紧张得口吃，而不是让他自己找出发音不准的问题到底是出在哪儿，或者干脆总让班里某个最优秀的孩子"秀"发音，你等好吧，全班学生都开始讨厌外语了。事过多年后，学生只要一看见外国人就很容易联想起外语老师可憎的面庞。

9. 让学生讨厌数学的最好方法是每节课都像考试一样，教师教过之后就考，考过之后再教，这就是某些学校的高考秘籍——考！考！考！"考海"无边，保准厌学，如果这样再学不会，你要敢于和全班同学一起怀疑这部分学生的智商！

10. 让每个学生都讨厌你的最好方法是整天保持一脸严肃，而且开口就要言不由衷地唱高调，凡事都要讲"胸怀祖国"；说话习惯性地仰着脸目中无人，口头禅是：这个这个、我说、必须。口气强硬得没有商量余地。

以上，任选两条就足够了。

如果十条皆备，那祝贺你，你可能制造了全部的"差生"！

Chapter 1
第一章

教育即道德

"缺德"的教育对学生、对教师都是不人性的,更背离"以人为本"的教育理念。新课程改革背景下,教育的出路在何方?

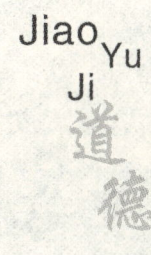

Chapter 1

教育即道德

拯救教育，他们如是说

卢梭：教育要培养"自然人"

卢梭，18世纪法国著名启蒙思想家、哲学家、教育家、文学家，是18世纪法国大革命的思想先驱，启蒙运动最卓越的代表人物之一。卢梭以他的《爱弥儿》在教育界掀起的是一场"哥白尼式"的革命。教育从来是以成人的能力和需要为标准的，卢梭却大声疾呼，要打破这个传统，那就是人之生性善良，教育应"归于自然"。

卢梭在《爱弥儿》开卷即写道，"出自造物主的东西都是好的，而一到了人的手里，就全变坏了。""如果你想永远按照正确的方向前进，你就要始终遵循大自然的指引。"在卢梭看来，教育就是要培养"自然人"，顺应人的自然本性，即完全自由成长、身心协调发达、能自食其力、不受传统束缚、能够适应社会生活的一代新人。这种"自然人",从小就被训练尽可能地自食其力,既没有永远求助于人的习惯,也没有向人夸耀的习惯;能够对事物进行观察、判断、独立的思考和分析;从小就以自然为师获得许多经验,而不以人为师;身体和头脑同时都得到锻炼,不仅身体健壮,而且头脑聪明,富有见识。这种"自然人",是生活在社会中的自然人,是能够尽到社会职责的社会成员,而不是回到原始社会的没有文化的人,也不是脱离现实的野蛮人。

卢梭认为儿童天性中包含主动自由、理性和善良等因素,所以教育要尊重儿童的自由,让儿童享有充分自由活动的可能和条件,并在教学过程中采取自然的、自由的教学方法以适应儿童的身心发育水平和个别差异。

道德教育是卢梭自然主义教育思想的重要一部分,他认为,道德教育的主要任务是培养善良的感情、善良的判断和善良的意志,而其核心是博爱。人生的目的无非是爱人类,使一切人达到幸福的境地。他说,"要教育你的学生爱一切的人,甚至爱那些轻视人民的","在自然秩序中,所有的人都是平等的,他们共同的天职是取得人品;不管是谁,只要在这方面受了很好的教育,就不至于欠缺同他相称的品格……从我门下出去,我承认,他既不是文官,也不是武人,也不是僧侣;他首先是人:一个人应该怎样做人,他就知道怎样做人,他在紧急关头,而且不论对谁都能尽到做人的本分;命运无法使他改变地位,他始终将处在他的地位上"。

卢梭认为培养善良的爱人的感情和思想不能靠说教,儿童有自己特有的想法和感情，我们有时不能很好地揣摩他们的心理，也不能了解他们的思想。因此，当我们把自己认为的真理告诉他们的时候，在他们的头脑中可能灌入的是许多荒唐和谬误的东西，而非真理。所以，德育最好在观察了解社会、了解人类的贫困和苦难过程中进行。因为经过苦难生活的人，自然产生同情、爱怜不幸者的思想感情。善良判断的培养主要是通过学习历史、伟人传记，方能从中学习区分善恶；而善良的意志则是要通过行为的练习来培养。

杜威：道德是教育的最高和最终的目的

杜威，美国著名哲学家、教育家，实用主义哲学的创始人之一，功能心理学的先驱，美国进步主义教育运动的代表。19世纪美国当时流行的是殖民时期沿袭下来的旧教育，再加上19世纪后期从德国传入的赫尔巴特教学方法逐渐刻板化，使得当时的学校陈陈相因，缺乏生气。杜威在批判传统教育的同时，提出了代表新教育的"新三中心"，即以学生为中心，以经验为中心，以活动为中心。他提倡从儿童的天性出发，促进儿童的个性发展。

"道德是教育的最高和最终的目的。""道德过程和教育过程是统一的。"在杜威看来，德育在教育中占有重要地位，道德才是推动社会前进的力量。

杜威认为"只有生长自身才是道德的目的"。"生长"成为道德的目的主要有两方面含义。其一，反对任何在儿童道德成长过程中的外在约束，外在的任何约束都将是对儿童"本能"，即儿童生长发展所构成的最原始基础——"有效冲动"的压抑。其二，杜威认为道德发展是连续不断的，不存在任何外在的终极目的，"所谓善，并不是已被定为不变的目的的'健康'，而在于健康所需要的进步——连续的进程，目的已不为将要达到的终点或极限，生活的目标并不在于被定为最后决定点的完全，而终于成全、培养、进修的永远历程"。诚实、勤勉、节制、公道和健康，与富有、学问一样，如果作为固定的目的看，虽似可以占有，实则并非可以占有。可见在杜威的思想中，儿童内在生长过程重于生长的实质和结果，而且儿童的生长过程是无限的。如果儿童为了身外的地位而竞争，为遥远的未来做准备，为对他们很少意义甚至毫无意义的、模糊的、不确定的未来的名义而努力，那么除了造成儿童能力和活力上的浪费外，还膨胀了儿童的强烈的个人主义欲望。

在德育的原则与方法上，杜威十分强调道德教育与社会生活的联系。他认为"离开了社会生活，学校就没有道德的目标，也没有什么目的"。不仅道德教育的目的不能脱离社会生活，而且道德教育还应在社会生活中进行。学校生活"社会化"是进行道德教育最基本的要求，社会上的道德原则与学校中的道德原则应是统一的，"不能有两套道德原则，一套为着校内生活，一套为着社会生活。因为行为是一个，因此行为的原则也只是一个"。学校教育的道德性与社会性是相通的，"归根到底，行为的道德的品质和社会的品质是彼此相同的。所以说，衡量学校行政、课程和教学方法的价值和标准就是它们被社会精神鼓舞的程度……威胁着学校工作的巨大危险，是缺乏养成渗透一切的社会精神的条件；这是有效的道德训练的大敌。"杜威要求学校本身必须是一种社会生活，社会的观念和社会兴趣只有在一个真正的社会环境中才能发展；还要求校内学习应与校外学习联系起来，因为学校的社会生活毕竟不能完全代表学校以外的生活。可见"学校即社会"在杜威那儿不仅是教学改革的要求，也是道德教育变革的要求。

道德教育不仅应通过学校生活进行，还应通过教材与教学方法进行，这三者相互影响，不可分割，构成"学校道德的三位一体"。要求通过教材与教学方法进行德育，实际上是为了沟通获得知识、发展能力与道德发展之间的联系，泯除理性与道德、知与行之间的对立。

在《教育中的道德原理》一书中，杜威将道德教育的原理分为社会方面和心理方面的。道德教育应有社会性的情境、社会性的内容和社会性的目的，这属于社会方面的原理；心理方面是指道德教育若要取得成效，就必须建立在学生本能冲动和道德认识、道德情感的基础上。若漠视这些心理条件，道德行为可能会变成机械的模仿或外在的服从。对于社会的道德要求，应顾及学生的心理能力，应使学生知之、好之、乐之。也就是说，社会方面的道德教育原理关系到道德教育的"目的和内容"，心理方面的道德教育原理则是有关道德教育的"方法和精神"的。前者决定应当做"什么"（what），后者决定应当"如何"（how）做。

由此可见，杜威不仅结合美国社会现实明确提出了道德教育的根本任务，而且还从理论上对道德教育的原理、方法进行了富有价值的探讨。

肖川：道德是为了人更好的生活

肖川，教育学博士，北京师范大学教育学部教育基本理论研究院教授，是我国生命教育领域的开拓者之一。肖川认为生命教育是帮助学生认识生命、尊重生命、珍爱生命，促进学生主动、积极、健康地发展生命，提升生命质量，实现生命的意义和价值的教育。通过生命教育，使学生认识人类自然生命、精神生命和社会生命的存在和发展规律，认识个体的自我生命和他人的生命，认识生命的生老病死过程，认识自然界其他物种的生命存在和发展规律，最终树立正确的生命观，领悟生命的价值和意义；要以个体的生命为着眼点，在与自我、他人、自然建立和谐关系的过程中，促进生命的和谐发展。他曾经这样说：

> 作为一个受过良好教育的人，道德的修养无疑是一个重要的方面。关注个体的道德成长的学校道德教育，必须着眼于个体的日常生活的行为准则的正当性和必要性。作为社会道德，完全可能本身是并不道德的，所以传统中国才会有"以礼杀人"的问题。作为个体道德就是对于善良道德的个体的把握和践履，即所谓"德者得也"。对于学校德育的价值，一位学界同仁说得好："德育不能安排人的生活，却能成就人的道德生活追求；德育不能左右生命，却能提高生命的质量；德育不能克隆美德，却能造

就道德上成熟的人。"

关于学校德育实效，普遍认为很不理想。之所以得出这样的结论，是因为我们的投入远远大于产出，当然还与我们过高的期望有关。我们学校德育实效低下的原因究竟是什么呢？

第一个原因就是我们的社会缺乏稳定的核心价值。什么叫核心的道德价值呢？所谓核心价值，就是每个人都能够自觉地认可，并且自觉去践履的，是其他价值的根据和理由。比如说在中国传统社会里面，就是仁、义、礼、智、信；在西方社会里面，就是自由、平等、民主、博爱、人权。我们今天说什么集体主义、爱国主义、社会主义、大家想想这个能不能作为所有国民的核心价值？在现代西方社会，自由、平等、民主、博爱、人权，那是所有人都会拥护的，因为这些东西对每一个人生命的质量，每一个人的幸福人生密切相关。谁不渴望自由，谁不渴望平等，谁不希望民主参与，谁不希望享受更多的人权，而在我们的文化中"集体"是一个被异化了的一个东西，所以我们现在要更多地倡导西方文化意义上的个人主义。西方意义的个人主义就是强调个人的责任，强调个人的价值。我们社会为什么落后？重要的原因是我们不尊重个人，不尊重个人的价值。

第二个原因就是我们的教育脱离学生生活实际，假大空的东西太多。在我们国人的骨子里，有一种"伪崇高"的东西。我们太容易把不是什么事的事当成一回事，太容易激动，太过敏感，太容易将平常的事往神圣上联想，这就容易导致虚情假意和伪崇高。

第三个原因就是无视我们学生道德主体性的培养。我们总是把道德更多理解成一种规则，一种要求，一种限制。其实，道德还有一个方面：它是个体和谐发展的要素，是一个人自我求取的空间，是好的生命境界的确证和表征。今天我们需要特别强调："人不是为了体现道德而存在，道德是为了人更好的生活。"

健全的道德教育的目标应该由这样三点构成：不断提升学生的需要，培养学生理性的、自主性的道德判断和道德选择能力，帮助学生形成普遍化的道德。这三个方面分别是从情意、认知和行为来说的。

第一个目标就是不断提升学生的需要。我们所有自觉自愿的行为都是由需要所推动的，你找不出哪一个行为不是由自觉自愿所推动的。人们都有需要，但需要是有层次的，有高级需要，也有低级需要；学校道德教育的第二个目标就是要培养学生理性的、自主性的道德判断和道德选择能力。道德更多存在于有价值冲突的情境之中。柯尔伯格讲：道德其实也是一种推理，道德推理的能力基于你普遍认知的能力的发展，所以我们要反对道德蒙昧主义，我们要推崇德行；道德教育的第三个目标，就是帮助学生形成普遍化的道德。什么叫普遍化的道德，我觉得主要是底线伦理，也就是"人之为人"，你应该做到的那些最基本的要求。这个往往以法律的形式出现，这是"人之为人"的底线。否则，你就是衣冠禽兽。我强调底线伦理，就是我们要回到起点，不要那些假大空的东西，要面对现实，因为我们很多人连起码的东西都没做到，去过早和过多地强调那些比较高的东西无异于对牛弹琴。

我们要创造一个温馨的社会生活环境,要去唤醒人们这些美好的东西。如果一个人经常受到歧视、欺骗、蒙蔽或者压榨与盘剥,他就会在内心生出一种敌意和仇恨来。为了学生更好的道德成长,我们也要特别强调宽松、宽厚、宽容的社会生活氛围和学校生活氛围。另外要创设丰富学生道德体验的情境。有很多的案例都说明个体的道德是基于体验而成长的。

李炳亭:课改就是"从油锅里捞孩子"

李炳亭,现为《中国教师报》采编部主任,兼任中国教育学会小学专业委员会副秘书长、中国教育学会初中专业委员会副秘书长、中国名校共同体秘书长。李炳亭近年来致力于"高效课堂模式"的推广以及"名校共同体"成长途径的探索,已出版教育专著《高效课堂22条》《我给传统课堂打0分》《杜郎口旋风》《向阳的智慧》等。他激烈地批判缺失人性的"传统课堂",倡导"知识的超市、生命的狂欢"般的新课堂。为此,他将课改比作"从油锅里捞孩子"。

课改就是"从油锅里捞孩子"!

假如你听见我在某地正对某人的课堂作咆哮状,你一定不要感到意外,也请你理解我的急迫和焦虑——从油锅里捞孩子,下手晚了,孩子就"焦"了,一"焦"就会跳楼、自杀、杀人,今天的教育是"要命的教育"。为了每一个生命的鲜活,为了让每一个母亲不再有失子之恸,为了让这个民族充满希望,除了推进课改,难道我们还会有别的选择?幼吾幼以及人之幼。

如果我们的孩子没希望,便决定了这个民族不会有希望。而孩子的希望来自于哪里——课堂!

从根本上说,有什么样的课堂就有什么样的教育,有什么样的教育就有什么样的国家。当然,前提是,有什么样的老师就有什么样的课堂!教师呀,他们的手里掌握着孩子乃至于这个国家的未来!所谓天降大任,如果我们仍然在顽固和保守中拒绝课改,那就真正是因一己陋见而损伤了民族大业。

这篇"谏言"里的每一个字都是带着我体温的肺腑之言。如果你是我的同道,你赞成课改,我们就继续聊下去,尽可能换一个口吻,轻松一点,而不必蹙着眉头、愁容满面。那我把"谏言"改成"建言"得了,按照我这些年推广课改的经验,或许我的"建言"能对你有用,不妨耐着性子听听。

我要说的第一句话是:课改不是简单的换工具,课改实在是换观念。什么观念?课堂观念。高效课堂是什么?"知识的超市、生命的狂欢"。如果观念不改,通俗点讲,给"马车"换"宝马发动机"也没有作用,我因而才更愿意把"课改"叫做"课变"。

我这样概括课堂,它必须满足这样的目标:学会、会学、学乐、创学。或者说课堂要具有三个特性:主动性、生动性、生成性。课堂的终极目标是培养学生的学习能力,一旦拥有了这种能力，我们还用担心学不会、考不好吗？升学只是副产品，拥有学习能力便是拥有了可持续发展的能力，这才是正产品。另外课堂是一种情感活动，一旦离开了"快乐"，课堂"幸福指数"较低甚至是"负数"的传统旧式课堂，就只能"打零分"，教师在课堂上要想法设法让学生体验到快乐、觉得"舒服"。

第二句话：让学生自己的事情自己做。"有困难，找学生！"课堂的灵魂是什么？我们概括成十六个字：相信学生、解放学生、利用学生、发展学生。尤其是相信学生，我们把它当成教师的"师德"。不相信学生就是没师德，不相信学生才会打击、干预、强制、包办、替代，才会死记硬背、题海战术、标准答案、时间＋汗水等。这十六字代表着一切的思想、方法、观念、准则、技术、艺术。教师唯有敢于放手，给学生以时间、空间，才会有真正的自主性、主动性、创造性。有人会问，学生学不会怎么办？兵教兵、兵强兵、兵练兵，独学、对学、群学，自己学不会就对学，对学再不会就群学、研究性学。

第三句话：千万别忽视模式。没有模式就没有标准！正像宝马和桑塔纳都必须遵守交通规则一样，任何教师都必须遵守基本的课堂教学规律，不可以以"课堂艺术"的名义炫耀所谓的"学养"，学生绝对不是教师的"听众"，而是课堂的主角！我们甚至刻意给教师的讲"定时"，殊不知，不限制讲，又如何保障学？凡是对限制讲提出批评的人，基本上是不了解一线课堂的实际情况。一切的教学都必须围绕着"学"才有意义，并且，我们重点提醒要围绕着"学"建立课堂评价标准，以学评教！真正的好课，一定是"教学相长"、师生"同学"的，生亦师、师亦生，这就很好地解决了教师专业化发展的问题。因而我们说，教师专业化发展最好的途径在课堂！

当然，如果你暂时没有模式，不妨信手拈来，借我们共同体现成的模式一用，这个"借"就叫"临帖"，其实学习就是"临帖"，换句话叫"拿来主义"。你千万别刻意拒绝"拿来"。打个比方，如果你需要一辆汽车，是劳民伤财地去"搞发明"还是去卖场买一辆来开？更何况，你也未必"发明"得出来，发明出来也未必性能优良。所以，"踩着杜郎口的肩膀摘星星"是我们共同体成员校常说的一句话，先接受再批判，学习就是临帖——入帖——破帖的过程。中国名校共同体22个省市的40家核心校，到如今都能破帖生成自己的模式，原因就在这里。如果你要成为第"41个"破帖者，那么从现在开始——临帖！

第四句话：好教师的标准到底是什么？既然课堂发生了变化，那么传统的教师评价标准还适应吗？答案当然是否。好教师要具有三个基本素养：第一，人格；第二，性格；第三，专业化。离开了前两点，只有"专业化"的教师绝不是好教师，好教师必须阳光、善良、慈悲、开放、懂得爱和尊重。教师的课堂职责，首要的是"点燃""激励"学生，让学生动起来——身动、心动、神动。教师千万不可以以成人的思维代替学生的思维，以自己的见解代替学生的见解，以自己的结论代替学生的结论。如果我们仍然一味地把蜡烛、春蚕、铺路石单纯解读为包办和替代，把教师解读成管理和施教，把教学解读成灌输和训练，把教育解读成调教和训斥,把学校解读成雕塑和雕琢,把学生解读成打压和服从,把学习解读成接受和背诵,那原本承载着厚望、鲜活的"人"之教育就会沉沦为应试、工具、功利、老气横秋、千人一面、丧失创造的"异化"教育,它与我们的理想背道而驰。

第五句话:从改变学生的学习状态入手。先上路,课改是"做"出来的。要知道只有"下池"才可能学会"游泳",千万不可因为预设而让自己踌躇再三,乃至于吓破了胆。先上路,然后去解决路上的问题。有时候,你会发现,一旦出发就会一路畅通,哪有想象中那么多的难题呢?我常说的一句话是,"课改原本没那么难",不信你试一试。其实,你尽可以不接受我们的模式,甚至也不必拉开桌子,只要你开始研究如何去改变学生的学习状态,你就已经开始课改了。况且,我们也一向认为拉开桌子未必就是高效课堂,正像并非所有的"光头"就是"和尚"一样的道理。"改变学习状态就是课改!"

第六句话:揪住课堂"捻针尖"。教育的问题其实就暴露在"教室",纠结在"课堂","课堂并发症"正日渐导致扭曲的"教学关系"和"师生关系",治愈了这个"并发症"也便解决掉了其他的一切。揪住课堂,是说学校里所有的人,都应该深入课堂上去,"学校的产品是课堂",既然课堂是产品,当成立"验评组""质检科",力促每一节课都是高质量的。我们说要让课堂上的每一分钟甚至每一秒钟都高效,如果实现这一目标,自然就破解了苦学、厌学的难题,"减负"的问题便迎刃而解,断不至于会越减越重。

今天,我再一次听到又有一位学生因中考不好而自杀的消息,内心的刺疼让我写下以上的话,但愿这些文字能打动我的课改朋友们,让我们这些做父亲的人,一起赶紧从"油锅"里捞孩子,慢了,你和我都会有罪孽感!

合乎道，至于德

拯救教育，他们如是说。无论是发自 18 世纪、19 世纪的先贤哲思，还是当下的有识之见，他们心中的教育从没有失去道德和人性的光辉。从道德出发，回归原点，让我再一次尝试回答：教育是什么？教育即道德！

教育即道德——合乎道，至于德。教育应该以合乎道的途径，至于德之目标。道即规律，教育教学规律、学生的认知规律和成长规律；德之目标，即国家的培养目标。

让迷失的教育回家，出路在于：构建道德课堂，提升师生生命质量，在道德的环境中进行有道德的教学，让课堂教学过程和结果都符合道德要求，让课堂生活充满生命活力。

我们不应该以牺牲学生的休息时间、牺牲学生的生命质量为代价来提高我们的教学质量。我们每节课的教学效果应该是绿色的，我们学生的学习成绩应该是绿色的，我们的教学质量应该是绿色的，不以牺牲学生的健康为代价，不以牺牲和谐的师生关系为代价，我们追求的升学率也应该是绿色的。

众所周知，所有的教育改革最终都将发生在课堂上，由课堂这块阵地所决定。所以从一定程度上说，课堂是教育改革成败的关键所在。基础教育课程改革的一线实践者，广大中小学校长和教师，既满怀着自己的教育理想，又冷静地审视着教育的现实。在通往理想的道路上，他们一直深深地思考着一个永恒的命题：课堂，究竟该拿什么献给学生？道德课堂，是我们针对过去的旧课堂教学中道德缺失、不道德和反道德的一种新教育主张。构建道德课堂，提升师生生命质量，是基础教育课程改革要努力达到的目标和境界。如果说课改之初，相对于过去的旧课堂，新课程所要求的新课堂是个什么模样我们还不十分清楚的话，那么，现在我们应该是清清楚楚了：那就是"道德课堂"。

建构道德课堂的内涵与合理性

道德课堂，是新课程背景下的一种高品质的课堂形态；是以学生为主体，呈现尊重、关爱、民主、和谐学习生态的课堂，是能够很好地实现三维教学目标的课堂，是一种德性化、人性化、生命化的课堂，是教师和学生共同的家园。推进道德课堂建设，就是要改善教师的教学生态，改善学生的学习生态，让教师和学生在课堂生活中享受到幸福和快乐，以提升教师和学生的生命质量和生命境界。

一、道德课堂的内涵

如果说"道"是形而上的,那么"德"则是形而下的,其目的是学道以行德,以道而成德。围绕"道""德"二字,我们要重新建构四个全新的概念:即学道、学德;师道、师德。这四个方面集中体现了道德课堂的核心内涵:

学道。即学生的学习规律、认知规律、成长规律。道德课堂,核心是尊重学道。学生是学习的主人,只有真正突出学生学习的主体地位,才是合乎规律、尊重规律的课堂。

学德,即学习生态,构建和谐、生长的学习生态,关注学生的精神成长和情感收获。道德课堂学德的构建是以"小组学习"为形态,以"独学、对学、群学"为基本学习方式,让学生自己的事情自己做;课堂又以展示为手段,激发学生的学习兴趣。道德课堂认为,展示是解决学生学习内驱力的金钥匙。

师道,即教师的角色。道德课堂认为,教师的角色必须重新定位。教师是学生学习的助理,是学生的学长,是学生学习的组织者、引导者、参与者、促进者,与学生是平等的同伴关系。实现了这种角色转变的教师才称其为"道德教师"。角色即人格,离开了"道德教师"这一角色,教师便缺失了"人格"。道德教师的基本品质是发现学生、研究学生、掌握学情和指导学法,即从"四学"出发,高度认识并充分相信学生的自主学习能力。

师德,即相信学生。道德课堂认为相信学生就是师德。过去的旧课堂因为施教者不相信学生,所以不敢放手让学生自主学习,由此造成了教师普遍的包办、代替、灌输和强迫。在这种背景下,所谓学生的"学",只能是有限学习。学生是天生的学习者,学习是学生自己的事,教师要敢于放手让学生自主学习,让学习真正发生在学生自己身上。道德课堂的师德,强调师生之间构建"学习共同体",课堂上要处理好与学生、文本、环境、教学资源和经验的关系。

二、建构道德课堂的合理性

社会生活离不开道德。课堂是生活,同样也离不开道德。课堂即生命,是教师和学生延续、发展生命的地方,若将善待学生生命落实到课堂之中,课堂定然是鲜活的,富于人性的;而道德缺失的课堂却很容易使教学转化为一种机械的、单调的知识传授和行为训练模式,很容易使学生产生枯燥、乏味、疲惫、厌烦和焦虑等感受。长此以往,必将扼杀师生鲜活的生命形式,恶化他们的生存状态。因此,我们应该依据新课程的理念,从道德自觉的高度,去重新审视我们的课堂,审视那些不道德的教育现象,努力加以改进和完善,使我们的教师在道德的环境中进行有道德的教学,努力使教学过程成为学生高尚的道德生活和丰富的人生体验,使学科知识增长的过程同时成为学生人格健全和发展的过程,使我们的课堂教学过程和结果都合乎道德的要求,让我们的课堂生活充满生命的活力。建构道德课堂的合理性体现在以下几个方面:

第一,道德课堂的理念,与新课程"育人为本,以学生的发展为本"的核心理念相一致;也与《国家中长期教育改革和发展规划纲要》提出的把"育人为本"作为教育工作的根本要求相一致;与新课程的"知识与技能,过程与方法,情感、态度与价值观"的三维教学目标的基本精神相一致。新课程的课堂教学要求,让学生在获得知识、技能的过程中,掌握住学习的方法,同时在"情感、态度、价值观"方面获得价值引领与价值认同,促进学生的人格健全与发展,这也正是道德课堂所追求的。

第二,道德课堂的理念,与《说文解字》对"教育"一词"内涵"的精辟解释相一致。"教,上所施下所效也;育,养子使作善也。""教育",必定包含着教人做人、使人为善、使人向善的意图和努力。教人做人,使人为善,使人向上,是教育的根本目的和道德标准;满足了这一标准的活动或影响,才堪称是"教育"。总而言之,道德课堂真正体现了"教育"的本真。

第三,道德课堂的理念,根植于中国优秀的文化传统之中。我们可以从《道德经》中去寻根:"道",即天道,即自然规律,阐述的是合乎自然规律,人类才能健康地生存下去;"德",即人德,即人生的行为准则;还要求人类顺其自然地与人共处,合乎社会规律地生存。从事于道者,同于道;从事于德者,同于德。

"养鱼养水,养树养根,养人养心"。构建道德课堂的实质就是在养心,既是在养学生的心,也是在养我们教育者自己的心。"养心",是教育的本质所在。甲骨文中的"教"字,右边的"文"中有一个"心"字,几经演变,那颗"心"已看不见了。从本质上讲,教育就是"以心灵感应心灵"的过程。"心灵"是一切经验的基础,它创造了快乐,也创造了痛苦。欲望使我们存在,而心灵决定我们存在的品质。一个人的快乐与幸福,不是由你获得了多少来决定,而是决定于你感受到了多少。教育之道,道在心灵。毫不客气地说,如果孩子们的心灵没有被教师感应到过,一切教育都是没有用的,教育的本质将离我们越来越远。因此，教育应该回归到心灵深处。

构建道德课堂对教师教学素养的要求

道德课堂，不仅仅是研究解决课堂教学中的育德问题，也不仅仅是研究解决课堂教学行为的有效问题，也是研究解决课堂教学的德性问题、人性问题，研究解决课堂教学的目的、行为和结果的一致性问题。道德课堂要求教师以新课程的理念，从道德自觉的高度，来重新审视自己的课堂，审视那些不道德的教育现象，努力加以改进和完善；使自己在道德的环境中进行有道德的教学，使课堂教学的过程成为学生高尚的道德生活和丰富的人生体验，使课堂教学的过程和结果都符合道德要求，使学科知识增长的过程同时成为学生人格健全和发展的过程，让课堂生活充满生命的活力。

一、构建道德课堂对教师提出教学理念转变的要求

第一，教学应是促进学生精神成长的过程。道德课堂要求教师在教育教学过程中，秉承道德的准则，使用"合道德"的方式，在充满尊重、关怀、民主、和谐的环境中，在身心愉悦、人格健康、精神自由、生命自主的学习过程中，使学生体验到学习的愉快和幸福，获得学业进步和身心全面发展。课堂上，让学生在获得知识、技能的过程中，同时获得"向善向上"的情感体验和心灵感悟，促进学生的思维发展和精神成长，就是最大的课堂道德。这正是教师职业道德水准的具体体现。

第二,教学应充分尊重、体现学生的主体地位。道德课堂要求教师,把课堂还给学生,还学生学习的主体地位,还学生学习的主权;通过实施分组合作学习,实施"独学、对学、群学"三种学习方式,抓好"课前、课中、课后"课堂三段,构建"先学、展示、反馈"的课堂流程,来实现课堂教学的重建,提升每一堂课的课堂质量。

第三,把教学中的非理性部分转化为理性。道德课堂最终要实现质的飞跃,这一飞跃就是要使教师把日常生活中存在的非理性教学转化为理性教学,使教学由"体力劳动"转变为智力劳动、智慧劳动,变知识课堂为情感课堂,变"教本"为"学本";学生的学习变被动为主动,变苦学为乐学,变单纯依赖教师为自主、合作、探究;最终形成"师亦生、生亦师,师生相长;兵教兵,兵练兵,兵兵互动"的课堂生态,实现学生学习品质和精神品质的共同提升。

总而言之,建构道德课堂,每一位教师、每一节课,都应该回答好以下三个问题:

(1)你要把学生带到哪里去?教师要回答的是学生的课堂学习目标问题:学什么?学到什么程度?(2)你怎样把学生带到那里?教师要回答的是学习策略和学习过程问题。(3)你如何确信你已经把学生带到了那里?教师要回答的是学习效果的评价问题。回答不好这三个问题,一定不是一节好的道德课堂。

二、建构道德课堂对教师教学设计能力的要求

第一,教师应具备三种基本的教学能力。即设计教学的能力(编写学习指导书、编制导学案、编制学习卷)、实施教学的能力(构建课堂和谐生态)、评价教学的能力(达标测评、跟踪发展)。设计教学

的能力是基础，实施教学的能力是关键，评价教学的能力是保障。不具备这三种基本教学能力的教师，一定不是一位合格教师，也一定不是一位好教师。

第二，教师要把握三个前提。即把握学科思想、掌握学科知识体系、明确学科课程目标。把握不好这三个前提，教学设计就无从谈起。

第三，教师要做到三个读懂。即读懂课标和教材（学材）、读懂学生、读懂课堂。不懂得"课堂，究竟是谁的"，既是师道问题，又是师德问题。

第五，教师要完成六个转变。即教师变学长、讲堂变学堂、教室变学室、教材变学材、教案变学案、教学目标变学习目标。站在学生的立场上来思考与设计教学，既是新课程的要求，又是师道的要求。

第六，教师要能够解读课程标准。细化解读课程标准，整合教材（学材），科学设置课堂学习目标，是教师专业成长的重要标志，是学科课程建设的首要内容，也是推进课程改革的当务之急！如果不进行学科课程建设，课程改革就是一句空话！细化解读课程标准，整合教材（学材），从学生学习的认知规律出发，科学设置符合"学情"的学习目标，是教师的基本功，是教师进行教学设计的前提条件。细化解读课程标准，整合教材（学材），科学设置课堂学习目标，实质上就是国家课程的校本化开发（二次开发）问题，也就是国家课程在本校的有效实施问题，更是学科教师的学科能力问题。不会对国家课程进行校本化开发（二次开发）的教师，不是合格的教师。

总而言之，上述六个方面是构建道德课堂生态的必要要素。教育本身就是一种文化的传承，推进课程就是为了更好地实现文化的传承。任何一位教师在课堂上都在"营造"着一种课堂文化氛围和课堂生态，学生都在进行着某种"文化适应"和自然成长。课堂中面临的问题实质上就是文化（生态）问题；可以说，道德课堂生态是现代学校文化的最高境界。

构建道德课堂的实践与理想

构建道德课堂是引领郑州市推进基础教育课程改革的重要理念。在构建道德课堂的实践中，我们的基本思路是：只给理念，不给模式。我们不主张确立道德课堂的固定模式，只设立基本的课堂教学"通用原则"和"基本方法"，我们倡导各学校基于校情和学情探索具有校本特色的课堂教学模式，不同学校、不同学科、不同教师、不同学习内容、不同教学情境下都可以呈现出不同的课堂形态。郑州市第102中学的"网络环境下的自主课堂"、郑州市一中的"主体课堂"、郑州市74中的"理解课堂"、郑州市52中和郑州师院附小的"生命课堂"、郑州市三中的"全参与课堂"，以及郑州107中学和中原区的"生本课堂"、金水区纬三路小学的"情智课堂"、惠济区的"和谐课堂"等等，都是道德课堂的有效呈现形态。

构建道德课堂，重在行动研究。我们不应该把道德课堂神秘化、复杂化，而是应该把它简单化、行动化。道德课堂在哪里？就在我们身边！自推进新课程以来，我们按照新课程的理念，为提高课堂效率，采取的任何改革措施，都应是构建道德课堂的有效举措。目前郑州市制定并颁布了构建道德课堂的纲领性文件：郑州市教育局《关于进一步推进基础教育课程改革的意见》和《关于构建道德课堂的实践研究课题实施方案》。目前郑州市各学校已围绕着道德课堂的总课题，分别设立了本校有关道德课堂的子课题。我们的期望是要做到校校有课题、人人有课题；人人参与研究，人人参与实践，促进每一位教师的意识品质和行为品质的不断提升。我们已经行走在道德课堂的路上，今后的任务是要走得更扎实、更有效，走好这条教育生态文明之路！

课程改革只有起点，没有终点。有一种智慧叫行动。行动就是改变，持续地行动，持续地改变，智慧地生成自己的事业。有一种品质叫坚持。坚持就是突破，持续地突破，持续地生成，持续地促进自己的专业发展和专业成长，以有效地实现专业引领。坚持就是进步，坚持就是成长，坚持就是引领。人，总是要有点精神追求。做一任校长，就要让学校的品位有新的提升。"做了牛，就不能误春"。我们一定会肩负着责任，满怀着激情，去追求自己教育理想、教育梦想的实现。在不断追求的过程中，使自己的心灵得以净化，品位和境界得以提升，去享受高质量的教育人生！

如果把道德课堂建设看做一项系统工程，应该包括这么几个部分：教学系统，教研系统，德育系统，文化系统。几个部分互为助力，相辅相成。在后面的文字中，笔者将逐章与读者交流。

Chapter 2
第二章

课堂，应该拿什么献给学生

学校的发展源于校长和教师的不断追求，作为我们基础教育课程改革的实践者，我们既要满怀教育的理想，又要冷静地审视教育的现实。在通往理想的道路上，应该站在一生为学生负责的高度，来审视我们的现实，回答好一个问题：课堂，我们究竟应该拿什么献给学生？

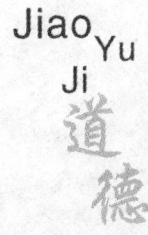

Chapter 2
第二章

果蝇、政友会与公地悲剧学生

把握课堂的方向

我们课堂中存在着一些问题。我们要呈现给学生一个能够充分实现价值引领的课堂，能够构建一个道德的课堂，我们就要研究解决我们课堂教学中的一些问题。我们说的这些问题是我们在推进新课程改革的进程中，由于我们对理念的理解和把握没有到一定的程度和深度，在操作的层面上又缺乏理论的指导和经验的把握，使我们的课堂产生的一些问题。

新课程的教学改革，一方面取得了一些可喜的成绩，另一方面也存在着一些不可忽视的问题。对于成绩我们应该予以肯定；对于问题，我们也必须正视。成绩和问题就像一枚硬币的两面，是一组不可回避的矛盾。这组矛盾让我们更能明确课堂方向。

落实三维教学目标，避免教学目标虚化

我们有的教师对于"三维目标"的设计和操作，缺乏经验的把握，出现了教学目标虚化的现象。课堂学习，首先是一种有目标的学习，目标虚化，这就是我们课堂低效、无效、甚至负效的根源所在。

新课程确立了知识与技能、过程与方法、情感态度价值观三位一体的课程与教学目标，这是发展性教学的核心内涵，也是新课程推进素质教育的集中体现。新课程的课堂教学十分注重追求知识与技能、过程与方法、情感态度价值观三个方面的有机整合，在知识教学的同时，关注过程方法和情感体验。突出表现在：

1. 把过程方法视为课堂教学的重要目标，从课程目标的高度突出过程方法的地位；2. 尽量让学生通过阅读、探索、思考、观察、操作、想象、质疑和创新等形式来获得知识，使结论和过程有机结合起来，知识和能力和谐发展；3. 关注学生的情绪生活和情感体验，努力使课堂教学过程成为学生一种愉悦的情绪生活和积极的情感体验；4. 关注学生的道德生活和人格养成，努力使教学过程成为学生一种高尚的道德生活和丰富的人生体验。这种对人的情感和道德的普遍关注，是传统的以知识为本位的课堂教学所难以想象的，也是难以企及的。参与课改实验的教师都有这样的意识和追求，用他们的话说："现在的课堂不能只有知识的传授，还要有关心学生是怎么学会的，他们学的过程有什么样的体验。"

因此，教师钻研教材和设计教学过程首先必须明确：知识与技能目标是"三维目标"中的基础性目标，对基础知识和基本技能的掌握是课堂教学一项极其重要的常规性任务。"双基"是学生学习的重要抓手，也是形成过程与方法、情感态度价值观不可缺少的重要条件，是促进学生全面发展的重要平台。因此，每节课都应该让学生有实实在在的认知收获。

其次，过程方法目标，要体现在知识技能的学习之中。过程方法这一维度的目标，是以往课堂教学所忽略的新要求，因此，在教学设计中要增强过程方法目标意识，在落实知识、技能目标的同时，落实过程方法目标。在课堂教学中，过程方法目标不能游离于知识、技能目标之外，不能游离于教学内容和教学任务之外，不能游离于学生发展之外。那种为过程而过程、为方法而方法的教学就失去了它应有的价值。

第三，情感态度价值观目标，要和知识与技能、过程与方法融为一体。凸显情感、态度、价值观教育，是新课程的一个基本理念和特征，也是教学所具有的教育性规律在新课程中的体现。在课堂上，情感、态度、价值观的教育，不能脱离具体内容和特定情境，孤立地、人为地、机械生硬地进行，不能像讲解知识要点一样，把情感、态度、价值观直接"教"给学生，而应该是"随风潜入夜，润物细无声"式的。"情感、态度、价值观就一门学科而言，是伴随着对该学科的知识技能的反思、批判与运用（过程方法）所实现的学生个性倾向性的提升。"

有效地把握和利用课程资源，避免教学内容泛化

我们有些老师对课程的资料把握不够，抛开文本，开发和充实了一些资源，有些则成了天马行空，独往独来，我们讲的一些课，自己都不知所云，那学生肯定是昏睡。教学内容的泛化，是我们课堂中存在的第二个问题。

课程资源开发是新课程改革的一个亮点。新课程改变了教师仅把课程当做教科书或科目的观念，教师不再是可怜的课本知识的解释者、课程的忠实执行者，而是与专家、学生等一道构筑新课程的合作者。新课程的民主性、开放性、科学性，让教师找到了课程的感觉，形成了课程意识，以教材为平台和依据，充分挖掘、开放和利用各种课程资源，已成为教师的一种自觉行为。但是在课堂教学中，要有效地把握和利用课程资源，避免由于教学内容的泛化而直接影响教育质量的现象发生。一是不能忽视或冷落教材文本。超越教材的前提是基于对教材的科学理解和灵活把握，不能忽视了学生对教材文本的阅读理解，过早或过多地补充内容，甚至偏离教材文本而大谈从网上查阅的资料。教材文本受到冷落，教学活动就失去了认知的支撑。二是不能为了情境化而设置情境。设置适当的情境，赋予知识鲜活的背景，使学生在把握知识来龙去脉的过程中获得情感的体验，更能体现知识的教育和人文价值。然而情境设置应该自然地呈现这种紧密联系，而不能"为了情境化而设置情境"。三是不能把联系实际变成一种装饰。

加强教学与社会生产和生活实际的联系，是改善学生对知识和知识学习的情感体验与价值认同的必要途径之一。然而，教学内容所联系的实际，必须是真正的实际，而不是给知识教学所穿的一件"外衣"。四是搜集和处理信息不能形式主义。不能动不动就让学生搜集材料，也不能只重搜集而不重处理，出现"为搜集材料而搜集材料"的形式主义。

正确进行价值引领，避免教师使命的缺失

　　第三个问题，是教师使命的缺失。为了体验新课程的理念，我们的老师尊重了学生的独特的体验和感受，在学生的体验和感受出现偏差的时候，没有进行及时的价值引领。传统的旧课堂，对学生批评得有点多，使学生不敢回答问题，不敢思考；我们的新课堂，要尊重学生，尊重学生的体验和感受，把孩子当孩子，五十岁的人的体验和感受与十几岁孩子的体验和感受是不一样的，生活经验不一样，生活体验不一样，对课文内容、教学内容的感知也是不同的。我们要尊重学生，结果又出现另一个问题，就是从一味的批评到了一味的表扬，一味的表扬和一味的批评同样都不可取，如果回答错了你还表扬他"很有才，很聪明"的话，那他就认为我的体验和感受老师认可了，这就是一种错误的引领。另外，在我们课堂中，学生的体验和感受和我们选这篇学材内容的目的相差很远，这也是一种不正常的课堂引领。生活中的引领，还有网路上的引领也很重要。对红色经典恶搞的问题，

我们需不需要引领？孩子在认识上出现了问题，他说出来了，作为父母，你有没有必要给他解释，给予引领？绝对是应该的。比如网络上，对于刘胡兰的恶搞，对于孔融让梨的恶搞，对于司马光砸缸的恶搞，对于大禹治水三过家门而不入的恶搞，还有目前恶搞最厉害的《出师表》，搞得面目全非，我们作为父母，我们该怎么办。包括在宾馆里吃野菜、吃窝窝头，孩子说你们当年很幸福的时候，你该怎么办，你怎么解释。如果你没有解释，那就是作为父母你的使命缺失，他的误解你都解决不了，你怎么教他做人、向善、向上。

既要追求教学方式多样化，又要力求避免教学过程形式化

学习方式的变革是新课程改革的又一个亮点。在教学过程中，教师们大胆改革传统的教学方式，尝试新的教学方式，促进了学生学习方式的转变。教学方式出现了多样化的景观，但是，不可否认的是，在多样化的背后，透露出浮躁、盲从和形式化的倾向，学生内在的情感和思维并没有真正被激活。因此，在教学过程中，要注意以下几个问题：

1. 两种学习方式恰当结合。真正的自主学习离中国的课堂似乎还很远，它需要一个过程。就目前的实际情况来看，学习方式的转变首先应该增强学生接受学习的积极性和主动性，变机械接受学习为意义接受学习，再进一步发挥学生的创新性，在学科教学中倡导发现学

习,最终引导学生综合各科知识发现问题、解决问题,进行研究性学习。发现学习和接受学习各有各自适合运用的情况。在中小学阶段不可能任何知识都让学生自己去发现,只有两种学习方式恰当结合,才能收到最佳的学习效果。

2. 防止教学方式技术化。教学是一门特殊的艺术。教师的最高境界是成为教学专家。然而目前从教学研究到实践,人们对教学艺术好像失去了兴趣,谈及教学现代化似乎就是指教学手段的现代化,不用多媒体就意味着落后,无论什么课,都用多媒体。教学技术是一种教学辅助手段,它既不是教学的主导,也不应该成为教学评价中的主要部分。我并不是反对教学技术的应用,而是反对过分依赖教学技术,以致形成"技术化"的局面。技术只能服务于教师的教学艺术,而不能代替教学艺术。只有教学技术为教学艺术服务,才能取得锦上添花的效果,也才能真正实现教学技术的价值。

3. 不要把"对话"变成"问答"。新课程所提倡的对话教学是对传统独白式教学的超越,它倡导平等、交往、互利和共同发展的理念,要求我们改变过去太多的"传话"和"独白"的方式,走向互动和交流,在对话交流中共享。在教学实践中,不少教师把"对话"等同于师生问答,并非真正的对话教学。还有的教师认为多问就体现出了新理念,满堂发问,学生被问得晕头转向,课堂被问得乱七八糟。我们并不是反对教师提问,但是提问总要有一个适度的问题,同时还要有层次性(知识记忆提问、理解性提问、应用提问、分析提问、综合归纳提问和评价提问)和思维含量。

4. 提高"活动"质量。新课程提出要赋予学生更多自主活动、实践活动、亲身体验的机会,以丰富学生的直接经验和感性认识,因而课堂上呈现了较多的外显活动,这是合理的、正常的。但是有的教师设计活动却是为了装潢门面,或是为了展示自己的才能,或是为了以新奇的形式取悦于现场听课的教师等,活动已经脱离了教材文本和正常的教学内容,成为课堂教学"游离成分"。尽管师生、生生之间都积极参与活动,而且"闹"得热火朝天,课堂气氛炽热,最终也是一出毫无意义的"闹剧"。这种随意的、肤浅的、局限于表层的、无目的的活动,失去了它本身的价值。因此,我们当前应努力提高教师对活动的指导水平,让学生在活动中有切实的体验。

5. 小组合作要注重实效。新课程强调学生学习上的合作和交流,学生之间的合作交流机会增多了,给课堂教学带来了清新的空气。但一些教师却片面追求课堂小组合作学习这一形式,对小组合作学习的目的、时机及过程没有进行认真的设计。只要有疑问,无论难易,甚至一些毫无讨论价值的问题,都要在小组里讨论。讨论又没有时间保证,有时学生还没有进入合作学习的状态,小组合作学习就在教师的要求下结束了。这种典型的应付式、被动式讨论,使学生缺乏平等的沟通与交流,尤其是缺乏深层次的交流和碰撞,结果往往是优秀者的意见和想法代替了小组其他成员的意见和想法,学习差的学生成了陪衬。教师应该对小组合作学习的内涵进行深刻地认识和反思,要注重小组合作学习的实际效果。

6. 切忌满堂游动。作为对传统教学的一种反叛,在新课程下,教师都能够主动走下讲台,在来回游动中开展课堂教学,这是一种可喜的进步。但在教学实践中,部分教师的做法也值得关注:一堂课中，教师几乎不登讲台，而在台下不停地来回穿插游动，前后左右方向莫辩，其中还伴随着大量的动作和表情，使学生的眼球不得不随着教师转动，精力很难集中。虽然我们不能简单地说老师开展教学活动的主阵地在讲台，但是讲台是学生学习最容易关注、最易于聚集精力的地方，关键问题、难点问题，教师最好还是站在讲台讲效果更好。台下"游动"也是必要的，但要真正起到师生平等对话、合作互动、高质量地开展教学活动的作用。

把握道德课堂的方向

教育改革的重点应该是课程改革,课程改革的重点应该是提升我们的课堂。从某种程度上讲,课堂,是教育改革的关键。课堂,我们究竟该拿什么献给学生?笔者的答案是——构建道德课堂,提升生命质量。这也应该是我们教育人的责任,也应该是我们不断的追求。什么样的课堂是"道德课堂"?道德课堂必须是"道德"的,必须是高效的,必须是和谐的……

道德课堂必须是"道德"的

道德课堂应该回归纯真,让我们的孩子在获得知识的过程当中,同时获得向善和向上的情感体验和心灵感悟。

对于"教育"这个词,《说文解字》中有一个精辟的解释:"教,就是上所施，下所效也"。成年人，父母，老师做一个榜样，让我们的孩子跟着学，这就是教；"育，养子使作善也"，养了一个孩子，想让他走正道，让他学好，这是天下父母共同的心愿。所以，在我们学校的层面上，教学生做人，教学生向善，教学生向上，应该是我们的不断追求。如果我们的学校的一切活动和影响组合了使学生向善向上的道德标准，这才称其为教育。越来越多的有识之士认识到，把在学校的层面上对我们的学生施加于向善和向上的影响的第一种重要途径定位在课堂上，要让我们的孩子在获得知识的过程当中，同时获得向善和向上的情感体验和心灵感悟。

教育的纯真，就是孩子在学习成长过程中的情感体验和心灵感悟。我们回想一下我们自己，我们的成长是不是在不断地观察，不断地判断，不断地感知、感悟的过程中成长起来的呢？学习成长的过程，也就是每一个孩子在体验中不断的感知、感悟、积累的过程。我们在座的各位，也有这样一个过程，同时这个过程在不断地更新，不断地加快。有体验才有感知和感悟，只有悟到的，才是自己的。有一种说法是说，我教会你了，事实上，不是我们教会他了，而是我们的方法得当，使他体验到了，感知到了，对你产生了价值认同，变成了他自己的东西，他才成长了，他才积累了。这个"悟"字，左边是竖心旁，是用心的意思；右边是"吾"，即自我；合在一起，就是自我顿悟、醒悟。悟了，就会内化为自己的一种素养；悟得多了，就能积累一种境界和高度。有了高度以后，自然流露出来的心态，就是最好的教育。我们可以回想一下，我们在课堂上给了学生多少体验，多少感悟，给他的体验是一种什么样体验，感悟是一种什么样感悟。

我们的课堂，我们的学校，最起码、最低的底线是让学生不瞌睡，不厌学，不逃学，这就是我们的学校教育、我们的课堂教学最低的底线。当然有的人说了，你这个底线是个非常高的。我们提出来，回归教学的纯真，让我们的孩子在获得知识的过程当中，同时获得向善和向上的情感体验和心灵感悟。这符合我们新课程的要求。郭振有会长说过，我们存在一个问题，就是没有把学生当成人，没有把孩子当成孩子，我们总是拿我们四十多岁、五十多岁人的思维模式来要求这个十岁的、八岁的、十二三岁的孩子，用我们成人的框框来要求他，这是不符合学生的年龄特点和他的成长规律的。所以说，我们学校的任务，我们课改的任务就是要改变、改善学生在学校学习的体验和感受；落实到我们新课程的要求，就是要从文本课程走向体验课程，也是我们"三维目标"所要求的，在我们的学生获得知识，强化技能的过程当中，掌握住学习方法，同时在情感、态度、价值观方面获得价值认同。

新课程要求我们的教师在课堂教学中，要关注每一位学生，要关注学生的情绪、生活和情感体验，关注学生的道德生活和人格养成；让课堂学习成为学生高尚的道德生活和丰富的人生体验；让学科知识增长的过程，同时也成为学生人格健全和发展的过程。这不是空话，如果说我们作为基础教育课程改革的实践者，或者我们的个体，对这三句话，认识还达不到一定程度还有差距的话，我们就要从自身找原因。我们要深刻理解这样一句话：如果教师和学生产生问题，这个问题包括师生关系等等发生冲突的时候，这个根在哪里？一定在教师，而不在学生。我们是要寻找适合学生的教育，而不来寻找适合教育的学生。我们有个别老师经常说，校长啊，现在的学生难教啊，我咋教他都不会，比方说我都讲了十来遍了，还不清楚。如果说你再讲十来遍的话，他可能更糊涂。

在课堂上，我们奉献给学生的，第一应该是我们的学识，我们的课堂艺术，我们的课堂智慧，还有我们的人格魅力。我所理解的教师职业道德的要求就是：能够让学生在获得知识的过程中，同时获得向善向上的情感体验和心灵感悟，就是教师职业道德水准的具体体现。

道德课堂必须是高效的

要提升课堂，构建道德课堂，离不开高效的课堂。构筑师生共同发展的高效课堂，是教育人的责任，更是教育人的追求。

高效的课堂，必须是课堂教学改革方向正确的课堂。作为校长，自己的专业化程度要真正地能够引领新课改，领导新课堂。要引领教师按照新课程的要求，在课堂教学改革的过程中要力求避免那些虚假的课堂现象。要有效地落实三维教学目标，避免教学目标的虚化；要有效地把握和利用课程资源，避免教学内容的泛化；既要充分发挥学生的主体性，又要把握教师的引导性，避免教师使命的缺失；既要追求教学方式的多样化，又要力求避免教学过程的形式化，从而有效地把握课堂改革的方向。

高效的课堂，必须是有道德的课堂。我们追逐课堂的高效，但拒绝"唯高效"和"缺失道德的高效"。当年，我们正是深悟"传统教育"不道德的沉疴，毅然举起课改的大旗。高效的课堂应该是充满生命气息的课堂，为学生的一生奠基的课堂，真正落实"以人为本"的课堂。在这样的课上，教师以新课程的理念，从道德自觉的态度，和学生一起构建道德、安全、自主、高效的课堂生态，教师主导，学生充分发挥学习的自主性，通过师生、生生合作、对抗、质疑、生成，让课堂生活高效的同时，充满生命的活力。与传统课堂相比，这样的课堂又哪里仅仅是高效；这样的课堂彻底改变了师生的生命状态。师与生从中可以体会尊严和幸福。这种改变又哪里是"革命"，只是教育常识和道德常识的回归。这里的"高效"绝不是过往我们牺牲师生的健康和幸福而换取的高分高升学率，更不是知识传授和行为训练的更新换代。

  高效的课堂，必须进行教学模式的改革与创新。课堂文化是课堂教学活动中师生自觉遵守和奉行的共同的课堂精神、教学理念和教学行为。课堂文化应该有"对话文化"，课堂教学要实现从"单向型教学"向"多向型教学"转变，开展教师、学生、文本三者之间互动的教学活动，从而构建"对话文化"；应该有"质疑文化"，课堂教学中要实现从"记忆型教学"向"思维型教学"转变，倡导以问题为纽带的探究式教学，从而构建"质疑文化"；应该有"合作文化"，课堂教学中要实现从"应试型教学"向"素养型教学"转变，通过倡导合作学习，在教师之间、师生之间、生生之间形成和谐的人际关系，从而构建"合作文化"。

  要打造高效的课堂，每一位教师必须回答的三个问题，一是你把学生带到哪里（教学目标或学习目标）？二是你怎样把学生带到那里（教学过程与方法）？三是如何确信你已经把学生带到了那里（学习结果评估）？这就是教师的三种基本能力（设计教学的能力、实施教学的能力、评价教学的能力）问题。要回答好这三个问题，打造高效的课堂，必须实现五个转变：把教室变学室，把教材变学材，把教案变学案，把教学目标变学习目标，把课堂变学堂。必须细化解读课程标准，整合教材，科学设置学习目标。必须加强学生学习方法的指导，通过教师教的方式的转变，促进学生学的方式的转变，从而实现学生由"学会"到"会学"的飞跃。

有的人做了一辈子教师，重复的只是一种了无生趣的教学模式，自己没精打采，学生如坐针毡；自己身心疲惫，教学质量却平平淡淡——他们把智力劳动变成了体力劳动。这是一种非理性的教学。教育问题、教学问题是一个既复杂而又简单的事情。说其复杂，是因为有的教师背离了教育原有的宗旨和规律，把简单的事情搞复杂了，做了很多无效、无用功，结果事倍功半；说其简单，是因为有的教师遵循了教育规律，把孔老夫子的"因材施教"原则又捡了回来，对症下药，事半功倍。我们的任务是要加速从复杂到简单的进程，还教育以智力劳动的本质，迈上理性教学之旅。我们的校长，只要善待我们的教师，我们的教师就可以缩短这个从复杂到简单的进程。

道德课堂必须是和谐的

和谐的课堂应该是："坚持以人为本，使教育的各因素相互依存、相互促进、协调合作，形成完美的教学生态，从而促进学生自我激励、自我成长、自我完善。"道德课堂以提升师生生命质量为目标，关注生命成长为其要义，也是"以人为本"教育观的直接体现。这样的课堂必然要求和谐，呼唤和谐。

在前文中我们列举了诸多课堂"不道德"现象，从另一个角度说，这些课堂"不道德"现象正是课堂"不和谐"的直观体现。李炳亭先生说：我们应该坚持"相信学生、解放学生、利用学生、发展学生"，在此基础上重新建构两个关系——从"惟学"建构教学关系；从"惟生"建构师生关系。此话信然！道德课堂的和谐归根结底就是两种关系的和谐：教学关系的和谐、师生关系的和谐。

在旧课堂，由于教师对自己的价值认识是"师道尊严"，所以常常出现教师和学生之间的情绪对立或公开的对抗。新型师生关系的本质是民主和创造，它是充满生命活力的现代教育的生动体现。在这种关系当中，学生体验的是平等、自由、民主、尊重、信任、同情、理解和宽容，形成的是自主自觉的意识，探索求知的欲望，开拓创新的激情和积极进取的人生态度。教师的活动也不再是依据既有模式灌注现成知识，而要应对学生活跃的思维和变化的情绪，不断推出有创意、有针对性的教育策略。在师生平等相待的情境中，师生们共同面对的就不仅仅是知识和教材，而是更为广泛、更为精彩的现实生活，通过这种民主平等的交往，素质教育所倡导的学会做人、学会求知、学会健体、学会劳动、学会交往渴望成为现实。

归根结底，我们说在传统的旧课堂，师生关系是一种"师强生弱"的不平等关系，在这种关系之下，教师强，学生弱，教师主宰。

而道德课堂要求师生关系和谐，改变师生的生命状态，追求"师生相长"的关系。在这种关系之下，教师必须从学生的生命需要出发，理解学生，尊重学生，相信学生，发展学生。这种"惟生"的师生关系必然带来教与学关系的本质变化。

传统的师生关系带来的是"以教为本"的教学关系。在这种教学关系主宰的课堂，奉行灌输和"填鸭"，主张苦学死学。旧课堂教学"少、慢、差、费"之事倍功半的现象比比皆是，课堂不和谐现象俯身可拾，课堂低效、无效，甚至负效。为了改变此现象，新课程改革便应运而生了。

新课程改革的最终目的是什么？有人说，就是改变传统课堂教学中教师教与学生学的方式；有人说，就是让学生在课堂上做学习的主人，让其自由发展，自我成长；还有人说，就是全过程让学生做学习的主人，让他们自主学习、探究学习、互动学习……不一而足。但我们应该清醒地看到：以学生为主体，以教师为主导的课堂教学成为打破制约学校发展瓶颈，迈向素质教育的必由途径。

一方面，课堂教学中教师要尊重学生的主体地位，依据学生的身心发展和认知规律，结合教学内容，创造具体的教学情境，留给学生较大的思维空间，让他们能够积极主动地思索、想象、畅所欲言，达到对所学的知识进行充分的理解、运用，从而培养学生的思维能力。另一方面，课堂教学中教师要发挥主导作用，在课堂上可以采用启发式、讨论式以及"探究性学习"等方式、方法，创设一种宽松的、活跃的、和谐的教学氛围，在这样的氛围中鼓励学生敢想敢说，积极参与到教学过程来，以师生合作的方式完成教学任务。

　　新型的教学关系带来的不仅仅是课堂的高效,更重要的师生生命质量的提高。因为这种转变,我们的课堂不再是"知识的装卸厂""思维的屠宰场",而成为"思维的操练场""精神的培育场"。

通往道德课堂的路径

如果说道德课堂是蓝图,那么我们还应该找到通往道德课堂的路径。我把这条路径归纳为"一二三四五"。

掌握一个前提:转变观念

一、转变教学观念,转换教师角色

新课程改革要求教师无论在课程观、教学观、教师观,还是学生观上都要进行转变。新的课程观强调从文本课程走向体验课程,强调课程不再是特定的知识载体,而是教师和学生共同探索新知的过程;新的教学观强调从单向的知识传授走向教学互动;新的教师观认为教师是导学者而非讲学者,教师是学生学习过程中的参与者、组织者、引导者和交换意见者;新的学生观强调学生从被动走向主动,要把学习的主动权真正还给学生，促进学生创新意识和实践能力的培养。基于上述认识，新的课程标准对教学活动，对教师的教学行为提出了新的要求。新课程标准不仅要求学生掌握基本知识、基本技能，更注重学生获取知识的方法、策略、过程和在此过程中及在此之后获得的情感、态度、价值观。新的课程标准倡导转变学习方式，提倡自主、探究、合作式学习，增加课堂上学生参与分组讨论、全班交流、充分表达和展示自己的机会，让课堂真正成为学生自己的课堂。随着学习方式的改变，教学行为也应该发生相应的转变。

新课程的教学是基于学科课程标准的教学，就是"用教材（教学材料，或者叫学材，即学生的学习材料）教"，通过使用教材，来达到课程标准的要求。当前存在的突出问题是，我们的一些教师还在"教教材"。这个观念不转变，就等于没有进行课程改革。新课程的课堂教学，要求"用教材教"，并不是要否定和抛弃教材。教材是进行教学的最基本的课程资源，要把教材当成素材、范例和凭借，而不是把教材当做目的。教师通过创造性地理解和使用教材，引导学生"走进教材"，"跳出教材"。当学生能够带着自己的问题、想法、疑问、矛盾、困惑走向教师的时候，就意味着学生已经挣脱了教材的束缚，"跳出了教材"，获得了个性的发展，同时，也意味着教师"用教材教"达到了较高的境界。我们大家都知道，教学有三种境界：一是教师带着教材走向学生，二是教师带着学生走向教材，三是学生带着教材走向教师。我们要达到的目标是第三种境界。当学生带着教材走向教师的时候，也就实现了教师角色的根本转变。

课程改革，如果课堂上教师教的方式不改革，学生学的方式不改革，就等于没有进行改革，这句话说得很有道理。课程改革的核心是通过教师教的方式的转变，来促进学生学的方式的转变。笔者在和老师交流的时候，有三种观点他们都是认同的：第一种观点，我们是教给学生捕鱼的方法，而不仅仅是送给学生一条鱼；第二种观点，我们做的工作的所有价值就在于让学生在学会中实现学习的质的飞跃，达到会学；还有一个观点，教师教是为了不教。这三个观点我们都认可，但是我们缺乏实践，尤其是缺乏有效的实践，所以说，我们必须在实践上下工夫。观念的改变，说三年、说八年他不一定改变，如果强行地做起来，在做的过程当中让他感觉到这样做得对，他一定有成就感，那观念就会自然而然地转变。郑州市要求我们的学校必须改变课堂。我们的一把手校长也好，我们的教学校长也好，我们的教务主任也好，我们的政教处主任也好，包括我们的教科室主任，在谈课堂的时候，每个人都谈到学校改变课堂、改进课堂方面的方法，大家的体验、感悟和有价值的东西，值得分享，说给大家，平等地对话，实现观点的交流和智慧的碰撞，同时实现我们专业共生。每人只能讲五分钟，掐着秒表讲，够五分钟你就下去，讲不完不行。所以说，在推进课堂的改革上，我们也做了一些推进工作，效果是有，但和我们理想中的效果还有差距。我们提出来要提升课堂，要实现学生学的方式的转变，就必须要"让教学回家"。"让教学回家"这是余文森教授提出来的，我是学他的观点，我觉得他说得对。

长期以来，人们习惯把教学理解为以教为基础，先教后学，教师教多少，学生学多少。教师怎么教，学生就怎么学，这种教学关系，甚至被视为一种不可改变的教学规律。客观上讲，先教后学并不是毫无道理。但是，这种教学方式，它留下了一系列的本身无法克服的痼疾。"教"永远支配着"学"，控制着"学"；"学"永远无条件地服从着"教"。由共同体变为单一体，学生的主体性被压抑，创造性被压抑，有时候就会出现，老师越教，学生越不会学，越教越不愿意去学习的局面。所以说，按余文森教授的说法就是要变"先教后学"为"先学后教"，实质上就是把学习的主动权还给学生，这是我们改革课堂、提升课堂的一个重要的支点。它的核心是学习观和学习方式的变革。教师的角色应该怎么定位？教师是学生学习的组织者、指导者和意见参与者，所以教师的定位应该是提示学生学习、指导学生学习、组织学生学习、提升学生学习效果等等。这个"先学后教"和"传统预习"有着本质的区别。"传统预习"应该是为了顺利上新课，它应该是一种教学方式，"先学后教"是一种教学规律，学生自主能够解决的问题，老师就不应该重复；学生相互学习能解决的问题，老师就不应该再去重复；学生能够提出来问题，我们教师就不应该替他来提出问题。所以说，当我们的学生能够带着学材、带着他的问题走向教师的时候，这就实现了学生和教师角色的转变。"后教"实质上应该是根据学生的学习情况来教，教师的教是来源于学生，一定要高于学生。实际上这个教，就是对学生学习的再创造和超越。我们先学后教，我们后教是以学论教，我们的目的就是为了少教多学，"教"是为了"不教"。构筑一个师生共同发展的高效课堂，应该是我们的责任，更应该是我们的追求。

改变教育其实是从改变教育者自己开始：

⊙ 做"火柴"，不做"蜡烛"；

⊙ 做"律师",不做"法官";

⊙ 做"农夫",不做"园丁";

⊙ 做"拉拉队",不做"陪跑者"。

二、解读课程标准,整合教材,科学设置课堂学习目标

理想的课堂学习,是一种有目标的学习。我们的一些教师课堂效果不好,就是因为课堂教学目标(或者叫学生学习目标)不明确。华东师大崔允漷教授讲过:"教师专业成长的标志,就是把学科课程标准细化分解为课堂学习目标。"在 2007 年的教学工作会议上,郑州市教育局提出全市中小学学科教师的核心任务是:加强学科建设,提高学科能力,保障学科课程目标达成度的不断提升。具体工作要求:一是群策群力,细化解读课堂标准,形成各学段、各学科具体的学习目标;二是强化技能,全面提升实施能力,找到落实学习目标的具体方法和有效途径,核心是课堂教学模式的改革与创新;三是加强监控评价,保障目标的达成,通过学习目标、课程目标的梯次完成,最终实现培养目标。在 2008 年的教学工作会上,我们把"学科课程建设"放在了学科建设的五项基本建设之首,并明确提出要把"细化解读课程标准,整合教材,科学设置学习目标"当做学科课程建设的一项基础性工作来抓。

细化解读课程标准,整合教材(学材),科学设置学习目标,实质上是国家课程的校本化开发(二次开发)问题,也就是国家课程在本校的有效实施问题,更是学科教师的学科能力问题。不会对国家课程进行校本化开发(二次开发)的教师,不是合格的教师;不会带领教师对国家课程进行校本化开发(二次开发)的校长,不是合格的校长。

　　国家课程是国家规定的必须要开设的课程，是有相对统一的教材（学材）的课程。现行教材（学材）更多地基于编写者对于文化的解读和把握，更多地站在了文化传承的立场上，站在了教育者和成年人的立场上，来衡量教材（学材）的意义与价值；更多地强调了教材（学材）的经典性、教育性，而似乎是忽略了处于特殊的身心发展时期的学生的感受与期待。教材（学材）教育价值的体现，最主要的不在于它所承载了教育者多少的教学内容，而在于它与学生心灵间的对接性和可通达性，在于学生能不能对此产生兴趣并顺利进入，能不能产生情感体验和心灵感悟。一所学校教学质量与另一所学校教学质量的差别，很大程度上取决于对国家课程的把握，对学科教材（学材）的处理。虽然国家课程是由国家制定的，但具体到学校里，还得从教师的实际、学生的实际出发，对课程教材（学材）加以重新编排，包括教学内容、教学方法的处理。教师在课堂教学中首先要确定学生的起点，据此决定教学内容中讲解的详细安排。有详有略，有取有舍，有加有减，这就是学科教师的课程实施能力问题，也就是学科教师的学科能力问题，更是校长的课程领导力问题。

　　针对国家课程来说，对教学中空白点、关键点和难点的分析把握是至关重要的。如果不对国家课程、教材（学材）进行校本化开发（二次开发），课堂学习目标不明确，效果不理想，仅靠加班加点，延长学习时间，仅靠过量的课外作业，学校教学质量的提升肯定是艰难的。这样的教学肯定是一种非理性的教学，这种劳动肯定是一种又苦又累的重体力劳动，这种状态下的质量提升，肯定是以牺牲师生生命质量为代价的。基于此，在郑州 47 中的"解读课程标准交流研讨会"上，我们形成的共识之一就是：细化解读课程标准，整合教材（学材），科学设置学习目标，是做好教学工作的基础的基础，是减负增效的必由之路，是迈上理性教学之旅，是提升师生日常教学生活质量的必由之路。每个学科教师对本学科、本学段要达到的学习目标必须了然于胸；每学年、每学期要达到的目标，每一单元、每一章节、每一课时要达到的目标都必须明明白白，清清楚楚。

教师就像导游，学生就像游客。导游要把游客带到哪里去？要去哪几个景区？每个景区游览几个景点？每个景点是自然景观，还是人文景观？有什么历史渊源和文化内涵？如果导游自己不清楚，怎么会是一个合格的导游呢？因此，崔允漷教授提倡：任何一个学科教师的第一堂课，不应讲具体内容，而应该介绍本学段这几年的学习目标，让学生明白本学科自己的学习目标和任务。

细化解读课程标准，就目前进展的情况看，存在的突出问题：一是认识问题，二是如何得要领问题。关于认识问题，教师的认识问题是次要的，关键是校长的认识问题。有的校长对细化解读课程标准持否定态度，阻碍了工作的开展。我们恳请每一位校长务必尽快提高认识，有效地推进工作。关于如何得要领问题，需要在推进的过程中不断研讨交流，尽快地掌握要领。郑州市教研室成立了解读课标领导小组，选择了示范学校，选择了示范学科，为大家作示范引领。

处理好两个关系：既要充分发挥学生的主体性，又要把握教师的引导性

新课程改革坚持以人为本的指导思想，以发挥人的主体性为宗旨，将实现学生充分的、有个性化的发展放到了突出的地位，尊重每个学生做人的尊严和价值，关注每个学生的个性差异，鼓励学生多样化、个性化的学习。但是，在课堂教学中，教师的使命不可缺失。

一是既要尊重学生的独特见解（体验），又要尊重教材的本意。在教学过程中，教师充分尊重学生在学习过程中的独特体验，鼓励学生自由地、创造性地、个性化地解读教材文本，这是培养学生创新精神和促进学生个性发展的重要策略。但由于学生自身认识的局限性，不可避免地会出现各种主观性偏差。对于那种严重偏离、曲解了课文原意并且还出现了价值观的偏离，扭曲了教学方向的天马行空式的"独特体验"要及时地引导和纠正。

二是既强调学生的自主性，又不可忽视教师的引导性。新课程在强调学生自主性的教学实践中，确实存在着忽视教师作用的唯（学生）自主化倾向，让学生自读课文、自定学习内容、自选学习方法，已是当今阅读课上的"流行曲"。这是一种典型的只"赋权"而不"增能"的不负责教学行为，它展现的是学生肤浅的表层的甚至是虚假的主体性，失去的却是教师价值引导、智慧启迪、思维点拨等神圣职责。解决课堂教学有效性问题关键在于既要真正发挥学生的主体

性，又要努力发挥好教师的引领作用。当学生"山重水复疑无路"时，教师要引导他们步入"柳暗花明又一村"的佳境。

三是既要对学生尊重和赏识，又要对学生进行正面的教育。新课程强调尊重、赏识，其实质是强调教师要相信学生的发展潜力，要保护学生的自尊心，要尊重学生的人格，要给学生创造一种宽松自由的成长氛围。但是强调对学生的尊重、赏识，并不意味着对学生要一味地表扬。过多的"廉价"奖励，过分注重形式，缺乏激励性，甚至会误导学生。正如一味地惩罚一样并不可取，一味地夸奖学生同样弊大于利。完整的教学既需要表扬，又需要批评。一方面教师要善于发现学生的思维闪光点，给予及时、适当的肯定和鼓励，让学生的积极性得以发挥；另一方面，对学生的错误结论明确地加以改正，使模糊的概念得以澄清，让学生对知识有新的认识，在否定之否定中提高自己的认识能力和思辨能力。

回答好三个问题；提高三种能力

任何一个学科教师，任何一节课都必须回答好三个问题：第一，你把学生带到哪里去？这是学习目标问题；第二，你怎样把学生带到那里？这是学习策略和学习过程问题；第三个问题是，你如何确信已经把学生带到了那里？这是学习效果评价问题。回答不好这三个问题，就不是一节好课。要回答好这三个问题，任何学科教师都必须提高三种基本能力——设计教学的能力是基础，实施教学的能力是关键，评价教学的能力是保障。任何一个学科教师如果不具备这三个基本能力就绝对不是一个合格的教师，就回答不了前面三个问题。任何一个学科教师如果他不提高这三种基本能力，他一定不会在学校里面出类拔萃，脱颖而出，成长为学校学科的代言人，甚至是一个地区的领军人物。而要提高这三种基本能力，任何教师必须把握三种前提：第一，把握学科思想。把握不好学科思想，就达不到回归纯真，让学生获得向善和向上的情感体验和感悟的学习效果。第二，掌握学科知识体系。任何一个学科教师如果把握不了本学科的学科知识体系，怎么教学呢？重点、难点、知识树，初中也高，高中也好，三年的学科学习你达到的目标是什么，如果教师自己不清楚怎么能让学生清楚？第三，明确学科课程目标。这里谈论的三个前提，对应的是需要研究解决的课堂中的问题。

立足四个坚持，让教学"回家"

我把课堂教学改革的方向总结为"四个坚持"：第一，坚持以基础知识和基本技能为基础，在此基础上追求三维目标的全面落实。每节课都应该让学生有实实在在的认知和收获，如果没有认知和收获，其所承载的情感、态度、价值观就无法落到实处；第二，坚持教材是基本资源，要避免抛开文本，要灵活运用、扩展、开发、构建多种教学资源。专家给我们制订了一个学科课程标准，再根据课程标准，选择了一套学习材料，如果这套资料里面的有关内容与课程标准的课程目标的要求完不成的话，我们可以增加内容，如果用不完的话，可以删减，这是教师的权利；第三，坚持真正"学生"的主体性，也就是教师主导下的主体性；第四，坚持以启发探究式教学为主，追求教学方法多样化。

改革和创新课堂教学模式，必须让教学"回家"：先学后教，以学论教，少教多学。

"先学后教"是教学领域的一场具有实质性的变革，是我国具有草根性质的教育创新，是我国土生土长的教育学。把"教"转化为"学"，是先学后教的关键，其实质是把学习的主动权还给学生，让学习成为学生自己的事情，此谓学习方式重建和课堂教学重建的"支点"。其核心是学习观和学习方式的变革。正是这种变革，引发了课堂教学的革命性变化和实质性进步。学习成了课堂的中心，学生成了课堂的主角，课堂成了真正的学堂。教师也找到了自己最准确的定位：促进学，即提示学、指导学、组织学、提高学、欣赏学。在这个过程中，教师的主导作用不断转化为学生的独立学习能力，随着学生独立学习能力由小到大、由弱到强的增长，教师的作用也就发生了与之相反的变化，最终实现教是为了不教。这才是真正意义上的"启发式教学"。

"先学后教"，已被实践证明是一条既能减轻学生过重课业负担，又能提高教学质量的教改之路。因此，教师一定要相信学生能先学。学生不是一张"白纸"，教学不能从"零起点"实施，因为任何一个阶段的学生都有着自己的经验、储备和能力。"先学"不仅仅是为了"教师顺利地上课"，不仅仅是为了学习新内容，而是为了"不需要教"、为了独立学习、为了自主发展而学,与传统的预习有本质的区别。传统的预习主要是为了"教师顺利地上课",是一种学习方式,具有从属性;而"先学"是一条教学规律。当学生已经能够自己阅读学材和自己思考的时候,就要先让他们自己去阅读和思考,这应该作为一条规则,而不是一种可以采用也可以不用的方式,具有独立性。

"后教",是以学论教。根据学生的"学"而"教",是对"学"的再创造。教学本身就是一个再建构、再创造的过程。课堂上要解决的问题,源于课本而又高于课本,源于学生而又高于学生。教师必须超越学生"先学"而使学生的进步有质的飞跃,绝不是现在这个样子——大多数教师讲学生自读所能知道的东西。学生自己能读懂的内容,教师别讲;学生自己能提出的问题,教师别提;学生自己能解答的问题,教师别回答。

"后教","以学论教"的"教",实质上是逐渐提高的,"教"是更有针对性,更有启发性,"教"是依规律、讲方法,启智慧,举一反三,四两拨千斤。最终目的:不教、少教、多学。

实现五个转变

在我们的课堂教学中,必须实现从"记忆型教学"向"思维型教学"的转变,倡导以问题为纽带的探究式教学,从而构建"质疑文化",课堂文化应该质疑之意文化;必须实现从"应试型教学"向

"素养型教学"转变,通过倡导合作学习,在教师之间、师生之间、生生之间形成和谐的人际关系,从而构建"合作文化";要打造高效课堂必须要实现五个转变:讲堂变学堂,教室变学室,教材变学材,教案变学案,教学目标变学习目标。这"五个转变"的背后其实就是把教师教的过程变为学生学的过程,教师的教服务于学生的学。核心理念还是相信学生、解放学生、发展学生。

2005 年,美国的《科学》杂志刊载了一项研究成果,即学习金字塔,是美国的国家培训实验室关于平均保留记忆率的研究成果。

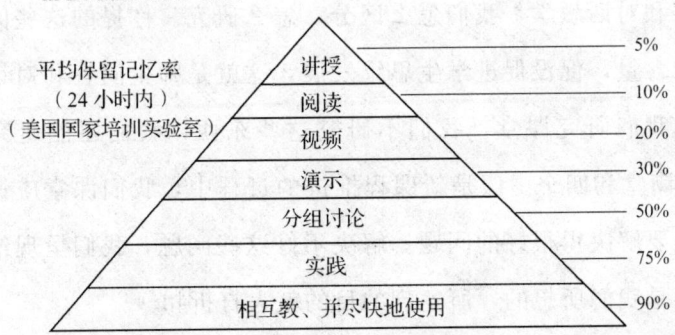

人们的平均保留记忆率通过视觉获得的知识点占 83%,听觉占 11%,嗅觉占 3.5%,触觉占 1.5%,味觉占 1%。

如果一节课,学生仅仅只听老师讲,24 小时后,这节课所讲的内容学生只保留了 5%;让学生自己阅读,能保留 10%;相互教并快速使用能保留 90%。我们还讲什么?另外一项研究成果表示,人们通过视觉获得的知识点占 83％，听觉占 11％。我们来计算一下，如果学生完全听老师讲，获得的知识应占 11％。课后 24 小时的保留率占 5％，则这节课学习的内容保留的是 0.55％。这 0.55％ 的知识是多少？我们做了事倍功半的工作，但我们想要的效果是事半功倍。还不需要改吗？还不需要变吗？要改！要变！要改成以学生的学习为主，把学习的主动权还给学生；把课堂真正变成学生自己的课堂，把学习变成自己的事情，把学习的权利还给学生。

最后，需要强调的是，我们提倡自主、高效的课堂模式，但反对课堂操作的形式主义。目前，我们的课堂中的问题集中体现在四个"满堂"，就是满堂问、满堂动、满堂放、满堂夸；四个"虚假"，即虚假地自主，虚假地合作，虚假地探究，虚假地渗透，满堂是要解决师生问答和对话教学，我们怎么区分，怎么研究。你提的这些问题有没有思维含量，促没促进学生思维发展，这就是师生问答和对话教学的区别。我们研究课堂，我们不研究这些东西，我们还能研究些什么？四个满堂和四个虚假是新课程推进的过程中，我们课堂应该研究解决的并要解决得很好的问题。解决不好这些问题，我们呈现给学生的就是不是我们所想的，所达到的目的就大打折扣。

Chapter 3
第三章

第三只眼睛看校本教研

教育本身就是一种文化的传承，实施课程改革就是为了更好地实现文化的传承。作为基础教育课程改革的实践者，一定要将改革上升到文化的层面上进行思考和实践。教育行政部门既应该是课程改革的强力推进者，又应该是课程改革的引领者。众所周知，推进校本教研是有效实施新课程的重要保障。推进校本教研的工作过程就是促进教师专业不断成长和教师课程实施能力不断提升的过程。

Chapter 3

第三只眼睛看校本教研

校本教研再认识

校本教研出现在教育行政部门正式文件始见于 2002 年 12 月 30 日教育部颁发的《教育部关于积极推进中小学评价与考试制度改革的通知》中。2003 年 1 月在泉州召开的全国基础教育工作会议提出了当年教研工作的十个要点，其中之一就是要"开创以校为本的自下而上的教研制度"。2003 年 1 月教育部组织了"以校为本"的教研制度专题研修班，2003 年 9 月又围绕校本教研问题进行了研讨。2003 年 4 月 10 日，教育部颁发的《教育部办公厅关于 2003 年义务教育新课程实验工作有关要求的通知》中，再次明确提出应"积极推进以校为本教学研究制度的建设"。2004 年 1 月教育部基础教育司下发了《关于开展"创建以校为本教研制度建设基地"的通知》……因此，我们可以说，建立以校为本教研制度是当前乃至今后基础教育课程改革实验中一项非常重要的工作，创造性地开展校本教研的实践需要对其有一个清醒的认识为前提。

基本认识

校本教研是以校为本教学研究的简称。以校为本的教学研究，与过去的教学研究最大区别是教研工作的重心下移到了学校，它是一种"从学校中来，到学校中去"的研究活动。从方法论的角度来看，校本教研是行动研究；从实践论的角度来看，校本教研是教师改善自身行为的反思性实践和专业成长的过程；从本体论的角度来看，校本教研是教师职业生活的基本方式和特征。

学校是研究的基地，教师是研究的主体，教室就是教研室。研究的起点是教育教学中出现的问题，研究的归宿是解决这些问题，最终的目的是促进学生的发展、教师的发展和学校的发展。校本教研，对教师而言，是促进教师专业化成长与发展的有效途径；对学校而言，是保证学校办学特色的重要支撑；对课程改革而言，是保证新课程改革向纵深发展的关键环节。

因此，校本教研不是教育行政部门额外增加给学校的一项任务，而应该是学校为了适应自身发展的需要而采取的自觉行动。

笔者认为，不应该把校本教研当做一种新的东西。自从有了现代学校，就应该有了校本教研。学校教研活动的本来面目就应该是这样的，只是认识有偏差，落实不到位，才使教研活动在不同程度上流于形式。再加上过去全国一本教科书，一本参考书，一个标准答案，只要照本宣科灌给学生即可，教研活动的重要性似乎没有特别地凸显出来。随着课程改革的不断深入,课堂教学中出现了一些亟待解决的问题和困难。解决这些问题和困难最基本的依靠力量是一线教师,因此学校扎实有效的集体教研活动就显得特别重要。校本教研的提出是因为需要,更是因为重要。

基本要素

以校为本的教学研究有三个基本要素:实践反思——同伴互助——专业引领。

实践反思:教师的自我教学反思是教师个体以自己的教学行为为思考对象,对自己在教学中所采取的行为以及由此而产生的结果进行自我审视和分析的一种基本活动形式,从本质上讲,是一种理论与实践的对话。它不同于一般的"教学回顾",而是反省、思考、探索和解决教育教学过程中各方面存在的问题。勤于实践反思的教师才能真正实现教学方式的变革。"实践反思"重在实践、贵在反思。一个没有实践的意识(在实践中反思,在反思中实践)的教师,绝难登上教学艺术的大雅之堂。因此,推进校本教研首要的是帮助教师认识自己的专业成长是自己生活中的一个至关重要的、不可分割的组成部分,是与自己的"自我发展意识"和主动追求精神密不可分的。其次,必须认识:这种"自我发展意识"和互动追求精神是建立在对自己成长过程中的教学行为、结果不断进行审视、分析及自我评价的基础上的,它需要经常地关注自己的教学,经常地进行教学反思,关注自己在专业成长中遇到的困难,并研究、寻找解决的途径。第三是帮助教师把这种认识内化为主动的、自觉的行为,并形成习惯,帮助教师成为一个勤于思考的实践者。

同伴互助:教师之间的同伴互助是提高教师教学能力,促进教师共同成长的一种重要途径,也是校本教研的重要标志和灵魂。在一个教师群体中,能有不同的思想、观点、教学模式、方法的交流、碰撞和冲突,是非常重要的、宝贵的。因此在校本教研中,学校要通过集体备课、专人主讲、听课会诊、研讨提高的工作方式,通过讲座、论坛、沙龙、现场研讨等教研形式,为教师创设专题研究、信息交流、经验交流、经验分享的平台,通过教师之间开放、合作、协调、支持、共享的专业对话,达到同伴互助、经验分享、学术互动、专业共生的目的。

专业引领:校本教研作为一种理论指导下的实践研究,专业人员的参与和引领程度将关系到校本教研的实施效果和水平。我个人的理解是:专业引领在主体上有三个层次,即引领校长、引领名师、引领全员。引领校长就是强化校长的主体责任意识,引领名师就是帮助名师成长为"专业引领者",引领全员就是帮助教师适应多重角色,不仅成为文化知识的传授者、学生发展的促进者,而且成为教育教学问题的研究者。在形式上,也有三个层次:一是专家引领。高水准的专家讲座、辅导是专业引领的一种重要形式,它可以帮助一线教师从更高层面、更宽广视野把握研究方向。二是行家引领。课题研究不仅需要"高工"的指导,而且需要"八级工"(教育行家)的点拨指导。在一定意义讲,这些行家的点拨指导对教师发展而言,比专家讲座更解渴。我把这些"行家"理解为我们各级教研室的教研员。三是骨干引领。学校应充分发挥校内"学科带头人"和"骨干教师"的引领作用。这种专业引领虽不及前两种引领学术含金量高,但自有其独特的优势。骨干引领在一定意义上讲是一种较高层次的"同伴互助",它具有"同伴互助"和"专业引领"两家之长,可以充分发挥学校现有教育资源优势,收到学校、骨干教师和其他教师互促其进、水涨船高之功效。

基本策略

以校为本教学研究制度建设旨在解决学校教师在教育教学实践中的问题,改进教学实践,促进学生、教师、学校发展。因此,建立以校为本教学研究制度的基本工作策略可以确立为:理论先行、制度跟进、机构重组、方式创新、基地带动。

1. 理论先行

在校本教研制度建设的实践中,即使一再强调教师反思、同伴互助,但是教师如果没有加强理论学习,对发现的问题就难以理性思考,对研究课题就会失去理论支撑,同水平下的教师间交流研讨会导致"原地踏步",停滞不前。因此,我们必须创设四项机制,为校本教研制度建设提供专业支撑。一是与国家课程中心、高校、省教研室建立密切的专业引领机制;二是创设与先进课改实验区、国内名校、名校长的密切交流机制;三是创设与教育学术团体密切的业务联系机制；四是创设教师专业发展机制。通过四项机制为校长、教师创造专业发展的有效途径，从而为校本教研制度建设奠定扎实的理论基础。

2. 制度跟进

校本教研制度建设的核心是使校本教研成为一种制度，并把制度转化为实践者的行为，使教学研究成为教师职业生涯的重要方式。因此，我们必须根据课改的要求，建立适应新课程改革的各项管理制度。各级教育主管部门、学校要出台关于开展校本教研的意见；建立教育局机关人员、教研员挂钩教研片和学校的教研制度；学校还要修订教学管理的各项制度。通过建立制度，使校本教研有章可循，有人落实，有条件保障。制度的建立，一开始不求完善；实践后的制度，不能僵化，必须不断修改。在不断实践，不断修改的基础上，逐步形成有自己特色的、比较符合实际的校本教研制度。

3. 机构重组

根据校本教研的要求，各级教研部门要调整内部机构，调整教研协作区（片），重建教研网络。学校要从关注课程实施过程为目标，重新设置教研组，建立以学段为单位的学科备课组，设立同一年级的跨学科综合性教研组，为教师进行思想交流、观念碰撞、探讨教学方法、创新教学模式提供空间，使学习化组织特征在备课组、教研组得以体现。建立网络教研资源系统，在教育信息网设立有关栏目，充分发挥网络的作用。通过机构重组，使教研工作适应学校需要，为基层学校提供高质量的服务，为教师的交流与研讨提供更多的机会，同时解决农村边远地区教研难的问题。

4. 方式创新

前面已经说过,校本教研的特点之一是教研重心下移到学校,这就需要各级教研室改变传统的工作方式,深入学校、教研组、课堂,帮助教师解决教学中的问题。特点之二是行动研究,实践研究,这就要求学校在组织教研活动时,重点要立足于常态教学问题,把教学实践中发现的问题作为研讨专题。因此,教研的方式应该是多种多样的,符合实际需要的。比如说,听课者与授课者"同上一节课",上课、说课、评课"三课一条龙",以及"研训一体化""专家与教师合作论坛""话题探讨""校长课改讲坛""城乡联动""校际联动"等都是比较有效的教研方式。希望各级教研部门、各学校能够根据实际需要创新教研工作方式。当然,我们要本着继承与创新的思路,通过创造性的工作,赋予校本教研以活力。

5. 基地带动

为推进校本教研制度建设,我们在郑州市建立"校本教研基地实验区"和"校本教研基地学校",充分发挥"基地"的两个带头作用(带头创新教研方式,带头创建校本教研资源平台),实现两个共享(教研资源共享,教研成果共享)。

教育部"新课程实施与实施过程评价"课题组为教育部提供的《课程改革实验区追踪评估的最新报告》中是这样评价金水区的:"河南省郑州市金水区以课例为载体,推进校本教研向全员化、纵深化、应用化发展;以校本教研协作区、教导主任论坛为思想碰撞、成果共享的平台;以营造舆论氛围、多种形式考核表彰、教研室指导服务、教育经费倾斜为支持保障,形成了自己的特色。"

关注点

  推进校本教研，仅仅停留制度建设的层面上是不够的，关注点要转移。在进一步完善制度的同时，第一个是要关注课堂。校本教研首先是解决课堂问题，注意力应该在课堂上。不管是高中，初中，小学也好，教学效果不好，就是教学艺术的问题。我举个例子，"一加一"他没学会，你给他培养好"习惯"行不行？还必须和我们的课堂达标结合在一起。我们课堂教学达标的标准，就是那"四个坚持"：坚持以基本知识基本技能为基础，在此基础上努力实现三维目标的全面落实；坚持以教材为基本资源，开发和挖掘各种有效的教学资源；坚持以真正的学生主体性，也就是在教师的主导下的主体性；坚持以启发探究式教学为主，在此基础上，我们力争追求、努力追求、极力追求教学方法的多样化。我们课堂效果好不好，关键在于这"四个坚持"。

  第二个是关注问题。强化问题意识，做一个有问题的人。爱因斯坦说过，"提出一个问题比解决一个问题更重要"。反思不是检讨。我们关注的是有价值的问题、真问题、课堂上生成的问题，要带领我们的教师在提出问题、尝试解决问题、生成新问题、解决新问题的螺旋循环往复跑道上，乐此不疲地加入到问题研究的周而复始的运动中去。我们要带着问题而来，带着兴趣而来，带着更多的问题，更大的兴趣而归，这就达到目的了。所以说要提高积极性，你要让他感受到对他有帮助，让他有兴趣。强化问题意识，做一个有"问题"的人，我们越干，觉得问题越多，要随时随地地发现问题。没有问题意识，就是假性成长。所以说所有这些问题都是我们应该关注的。

第三是关注效果。理念要内化于心，再转化为行为，它有一个过程。形式，永远不可能十全十美，工作中要力避形式主义，要解决形式主义问题。关注实效，另一个是"三研一体化"，即校本教研、校本研修、学校科研一体化。我想我们更多的精力，应该用来不断地研究和解决我们身边的实际问题，从而使教师的积极性处于常态化。这就是关注效果。

第四是关注文化。第一点要说的就是课堂文化，让教师感觉这是他自己的教学风格，他自己的学识，自己独特的教学艺术。要让我们的老师在理解新课改理念的基础上，探索有效的教学模式。所以说课堂文化要和教师个人的独特的教学风格和教学艺术结合起来理解，生成拥有他个人特点、学科特点的教学模式。第二点是关注教师合作文化建设。关于教师合作文化问题，我们主要的任务是怎样让教师累并快乐着，少累也快乐着，将职业痛苦转变为职业快乐。要提高教学质量，在很大的程度上取决于师生之间日常生活的质量高低。教师要改变对学生的看法，改善和同伴之间的关系，改善与学生之间的关系。奖励政策一定要改革，奖励制度具有很大的导向性。要关注集体、关注合作。教师间的单打独斗要逐步过渡到合作，要以合作为荣。和谐应该从和谐教师同伴的心理环境、师生之间的心理环境做起。人为的合作过渡到自然的合作上来。这样才能有新的局面呈现。

校本教研推进路径

明确四个观点

一、校本教研和校本课程是两个不同的概念,不能混淆

一个是课程管理的问题,一个是探讨我们的教研活动如何有效开展的问题。校本课程是课程管理的范畴,校本教研是教学工作的一个环节。如果说我们的校本课程还没有开发,就谈不上校本教研的话,这是错误的,这是一句大白话。如果说我们谈校本教研就必谈校本课程的话,这是一个误区,在认识上有一定的偏差。什么叫课程,什么叫校本课程,如何体现以校为本的课程资源开发问题,是另外一个话题,二者一定有关系,但在目前这个阶段,我们先把二者区别开来,暂不探讨它们的关系问题。

二、推进校本教研并不是全盘否定传统的教研活动

我们推进校本教研并不是要全盘否定传统的教研活动、教研形式，它是对传统的教研形式、教研活动的扬弃，而不是抛弃。凡是体现了校本教研三个基本要素的有利于教师的专业成长、有利于学校发展的传统、有效的教研形式都应该传承和发扬。如果说这是一种创新，还不如说是一种回归。我们要还学校教研活动以本来面目。

三、推进校本教研和传统教研活动的最大区别是教研重心的下移

现行的教研机制有两种，一是通过自上而下的方式，采取上级行政推动的策略，可以称作自上而下的教研机制；二是通过自下而上的方式，采取基层学校创新的策略，可以称作自下而上的教研机制。校本教研推进的是一种自下而上的教研机制。教研活动下移到学校、下移到课堂、下移到教室。对校本教研基本要求，一是整体推进问题，二是明确指导思想问题，三是对各级教研室提的教研员完善自我形象问题，第四就是两种机制有机结合。我们推进的校本教研是自下而上的一种教研机制。

四、推进校本教研是新课程改革向纵深发展的重要保证

校本教研，对于教师而言，是促进专业化成长与发展的有效途径；对课程改革而言，是保证新课程改革向纵深发展的关键环节。校本教研的提出是因为需要，更是因为重要。郑州市教育局多次举行校本教研工作研讨会、推进会，并给所辖地区学校印发《资料汇编》。

澄清四种糊涂认识

一、负担论

"负担论"认为教师工作负担比较重,没有时间保证,这是对校本教研的一种糊涂认识,是不正确的。我们喊"减轻负担,提高质量",是减轻学生的负担并不是减轻教师的负担,减轻学生的负担就意味着加重老师的负担,需要教师精心备课,研究教材、教法,研究课堂教学形式,研究怎样提高课堂四十五分钟的效率。这些都和我们推进校本教研的目标是一致的,而且推进校本教研可以很有效地帮助我们解决教学中的实际问题,提高我们的教学质量,那怎么还会有"负担论"?我觉得有点糊涂。

我们两眼一睁,忙到熄灯,从大年初一忙到大年三十,忙的是什么?是提高学校的教学质量。如果说我们学校做的任何一项工作都不利于提高教学质量,都加重了老师的工作负担,无谓地占用了老师的时间而对提高教学质量无效的话,那我们的工作就需要好好地反思反思了。不研究我们的课堂教学,不研究我们的课程标准,不研究我们的教学目标,不研究我们的教学重点难点,不研究学生,掂着课本上了一节课,任务完不成,再花大量时间进行补课,这是教师自己给自己增加负担。我这个看法不管赞成的人有多少,我觉得这个"负担论"要好好地反思反思。校本教研不是教育行政部门额外增加给学校、教师的一项工作任务,而应该是学校、教师为了适应自身发展的需要而采取的自觉行动。所以"负担论"是我们应该澄清的第一种糊涂认识。

二、神秘论

"神秘论"仍占有一定的市场。由于理解程度不同,认识也不是很明确,所以感觉校本教研是一个新名词,很神秘、很难,无从下手,不知该怎么做,不知道切入点在哪里,侧重点在哪里……现在在一些学校还认识不到位。在一次校本教研推进会上,笔者提出一个问题:校本教研的神秘面纱揭开没有?对于这个糊涂认识,我们要抓紧时间澄清。自从有了今天这样形式的学校,就应该有校本教研这种教研机制。校本教研就存在于我们身边。

三、无谓论

"无谓论"就是认为没什么可搞。自己教了一辈子书,快退休了,每周都有教研活动,我们搞教研活动搞了几十年了,校本教研没什么可搞的,这种没什么可搞的认识也是错误的。刚才我们在前面亮明了四个观点,已经很清楚了。我们传统的教研形式和现在推进的校本教研区别在哪里?我们过去搞的教研活动,有一部分是流于形式了,还有一部分是非常成功的、非常有效的。对提高教学质量、促进教师的专业发展非常有效的东西,应该发扬;无效的东西一是流于形式了,二是没有体现个人反思、同伴互助和专业引领,没有体现平等对话、交流碰撞、共同成长这个因素。在传统的教研活动中,教研组长拿篇文章一念,然后说今天我们这一节课怎么讲怎么讲,方法怎么弄怎么弄,大家都照着去做。我们现在不能再这样做,要反对"一人说了算,别人不能再提反对意见,一人是权威,大家都要按照做"这种方式，要提倡新的教研方式，推进校本教研。而在推进校本教研的过程中，有很多新的问题需要我们去研究、去探索，决不是没有什么可搞的。因此"无谓论"也是一种糊涂认识，需要得到澄清。

四、对立论

如果说"负担论"是一种糊涂认识，那么把提高教学质量和校本教研完全对立起来的"对立论"，应该说是错误的认识。如果说我们做的工作有碍于提高教学质量，我们做的工作对促进学生的发展是不利的，影响教师的专业成长，那这个事就真是得好好地反思了！不是个人反思，而是集体反思。

以上四种认识还有一定市场。随着这项工作不断的深入发展，我们会逐步地抛弃、澄清这四种糊涂认识。

把握五个要点

一、问题即课题、教学即研究、成果即成长

1. 问题即课题

校本教研的基本要素中，有一个是"个人反思"，从本质上讲，是一种理论与实践的对话。它不同于一般的"教学回顾"，而是反省、思考、探索和解决教育教学过程中各方面存在的问题。反思不是检讨，教研不是评课，关注的是问题，关注的是真问题，是有价值的问题。什么是真问题？针对一线教师来说就是存在于我们身边，我们感到比较困惑，而又希望研究去解决的问题。这就是真问题，是有价值

的问题，关系到我们教师专业成长，关系到学生的发展、学校的发展。所以说我们要强化问题意识，做一个有"问题"的人。因为校本教研的真谛在于：解决老问题，生成新问题，不断地解决问题。

有一个人这样说：我们所有的有成就的教师，都是一个有"问题"的教师。他们善于发现问题、研究问题、善于提出问题，有问题意识。爱因斯坦说过一句话：提出一个问题比解决一个问题更重要。还有一个人是这样说的：我们进行校本教研了，我们要带领我们的教师迈进提出问题、尝试解决问题、生成新问题、解决新问题的螺旋循环的跑道，乐此不疲地加入到问题研究的周而复始的运动当中去。

校本教研的另一个基本要素是"同伴互助"。同伴互助不是表扬与批评，不是我们过去传统的东西：你这点做得很好，如果你再努力努力会做得更好。那是没用的话，没有关注到问题，同伴互助应该是在关注问题，是智慧的碰撞，是观点的交流。

再一个是关于"专业引领"问题。推进校本教研削弱了许多人的权威，为什么要以校为本？现在不可能搞大一统。学校各自的教师专业水平不一样，学生的认识水平不一样，课堂中的问题、学生的问题不一样，怎么可能用一个统一的模式来解决？所以说以校为本，要以教室为教研室，来解决发生在我们身边的问题，发生在我们课堂中的问题。专业引领并不是统一观点，要倡导明理思辨的学术氛围。

专业引领叫谁专业引领呢？我们都是专业引领人员。学校靠谁引领？靠你这个校长，靠你这个主任，靠你们去引领，靠你们年级长去引领，靠你们教研组长去引领，靠你的骨干教师去引领。你国家级骨干教师、省级骨干教师、郑州市学科带头人,你干啥了,你不就是专业引领人员,你评上郑州市百位名师,你干啥了,评上百位名师就不想教课了,那选你干啥,对不对?这个误区还要再走出来。在形式上,专业引领有三个层次:一是专家引领。高水准的专家讲座、辅导是专业引领的一种重要形式,它可以帮助一线教师从更高层面、更宽视野把握研究方向。二是行家引领。课题研究不仅需要"高工"的指导,而且需要"八级工"(教育行家)的点拨指导。从一定意义上讲,这些行家的点拨指导对教师发展而言,比专家讲座更解渴。笔者把这些"行家"理解为我们各级教研室的教研员和我们的各位校长、各位主任。三是骨干引领。学校应充分发挥校内"学科带头人"和"骨干教师"的引领作用。这种专业引领虽不及前两种引领学术含金量高,但自有其独特的优势。骨干引领在一定意义上讲是一种较高层次的"同伴互助",它具有"同伴互助"和"专业引领"两家之长,可以充分发挥学校现有教育资源优势,收到学校、骨干教师和其他教师互促其进、水涨船高之功效。

2. 教学即研究

从学校层面讲,科研和教研要一体化,研训一体化,要防止"两层皮"的现象。我们的校本教研是实践性研究,是行动研究。你不要去研究理论,研究理论你也研究不过中央教科所,要着重研究课堂教学中出现的问题,怎么把问题转化为课题,把教研和科研当成一件事来做,把教研、科研和教师培训提高当成一件事来做,收到一举三得的效果,这是个很重要的事情。

3. 成果即成长

怎样体现教师的成长？怎样显现我们的成果？教师的真正成长是在无形之中，成长是一种隐性的问题，最初要抓有形成果的积累。有形成果的积累促进无形成果的生成；无形成果的生成促进教师的专业成长。有形成果的积累不在多少，而在于不断地积累，不断地解决问题。厚积薄发，这有利于教师的专业成长。

在有形成果的积累方面，要谨防网上下载。我们要关注教师的假性成长，谨防老师的网上下载，抄袭"问题"，搬别人的东西为自己的东西。

问题的流失与虚化是教师假性成长的表现。教师假性成长主要是问题的流失与虚化，在于老师没有问题意识。经过沸沸扬扬的新课程培训之后，我们的教师大多满口的新课程理念，新潮的专业术语：生成与预设、接受美学、对话、回归生活、课程资源的开发等等。人人耳熟能详，教师们也总能把自己的教育行为、教学设计，链接上新课程的理念：我这样设计是为了倡导自主合作探究的学习方式，我那样上课，是为了体现工具性和人文性的统一等等。现在教改实验课多如牛毛，如雨后的春笋，有的人外出观摩一节课，回来便表演模仿秀，外显的景观轰轰烈烈，热闹非凡。

对照新课程理念，我们得细细审查，一些教师的成长，依然是"涛声依旧"，很多教师，似乎缺少真正的问题，也没有进行个人教学的理念构建，教师的个人隐性经验并没有得到增容与更新。下面以语文课为例，试问，我们的教师在语文课程的实施过程中，真正做到了工具性与人文性的统一了吗？建设开放而有活力的语文课程，你都做了哪些努力？有效提高学生的语文素养，又不增加学生的负担，你摸索出核心的策略了吗？母语教学的特点和规律是怎样的，你真的了然于胸了吗？你是否能让学生开展自主合作探究的学习方式？像这些重大的课程问题真正搞清楚了吗？未必。

在一些专家看来，我们的个别教师仍然是雾里看花，水中望月，糊里又糊涂。经过冷静地审视，执著地追问，我们就会发现：既要追问本意，又要超越文本；既要开放综合，又要突现语文本体；既要课前预设，又要课上生成变化；既要使用电教媒体，又要关注阅读感悟；既要保护语文主体，又要建设开放而有活力的语文课程。要实现这几种矛盾的统一，力求恰到好处，决非易事。走马观花，蜻蜓点水，虚晃一枪，最多只能触及课程改革和个人成长的浅层问题。事实上，我们的教师在实践中面临着诸多涉及课程改革的成败的核心问题，所谓的没问题，其实是怯懦的躲避，是熟视无睹的麻木，是不负责任的虚化，是重要课程问题的流失。我们的许多老师，在跳跃中忽略了问题的解决过程。长此以往，我担心我们的教师队伍会出现可怕的假性成长，许多教师将会成为一个"没有问题"的人。假性成长就来源于问题的流失与虚化，问题流失和问题意识弱化的原因在于教师视野窄狭，思想自然萎缩，思想上有误区；缺少反思的习惯；过于自信，固守自己原有的经验。所以说问题对唤起教师成长的渴望、探索的冲动有着不可替代的价值。理想的校本培训，是让教师带着问题、带着兴趣而来，带着更多的问题、更大的兴趣而归。这是我们要把握的第一个要点。课堂教学形式主义问题，那就是一种假性成长，看着很热闹，实际上没效果，只是演了一些闹剧。

二、平等对话、交流碰撞、专业共生

有人如果要问我，看你讲得振振有词，忽悠得这么厉害，你说说，校本教研的最基本的形式是什么，最有效的形式是什么？无法回答，具体应视学校的情况而定。哪些形式体现校本教研的要素、新课改的理念，最能促进教师专业成长，最适合你学校，那就是最有效的形式。我参加全国的校本教研研讨会，有一个地区介绍经验的时候，说"我们要制订一个校本教研工作示范校的标准"。如果是只从理念上，指导性上，指导的原则下，制订这样一个标准，那还可以探讨一下；如果说在校本教研的工作方式上，模式上，方式方法上，要制订一个统一的标准，这本身就是一种形式主义。我们说搭建平台就是为了给大家平等对话，那么搭建哪些平台才能使大家感觉有兴趣，让大家确实很有收获、很有成就感？郑州市教育局印发的《校本教研的工作意见》上，刚开始一些教师写的是以集体教研为基本形式，后来把它改了，是以"平等对话"为基本形式，教师全员参与，密切合作，张扬个性，确保教研的实效性。怎么样为大家提供一个平台？《指导意见》上也有，提了很多形式，这些形式哪个最符合自己学校实际，就是最好的方式。所以说提供平台，搭建平台，给大家提供交流碰撞的机会，实现教师的专业共生，实现大家的共同发展，这个是没有统一的模式。要坚持"以校为本，力求实效"这八个字。

三、推进校本教研的最高境界就是催生新型学校文化

我们推进校本教研的最高境界，也是最高层次，也是我们目的，也是我们的目标——要说"重建"吧，好像是有点否定的意思，就叫做"构建"或者"催生"吧，"催生"比较好一点——催生新型学校文化。关于学校文化问题，笔者到一些县区交流的时候，他们说，你说啥都中，我对你这个文化理解不了，我说理解不了你慢慢理解，但

是你必须使着劲地往这边理解，我说你推进校本教研如果不从文化层面上理解的话那很可能是低层次的。对文化问题，笔者会专章论述。

四、要关注课改的价值思想

第四个要点，我们要关注课改的价值思想。

关注课改的价值思想，这是上海市建平中学校长程红兵提出来的。笔者很有共鸣：任何课程改革的背后都有理性在支配，有的是工具理性，有的是价值理性。失去了理性的指导，课改达不到理想效果，但仅仅拥有理性是不够的——校长要关注课改价值思想。

在课程改革的大潮中，我们耳熟能详的一句话就是：以学生发展为本。我们做到了吗？在我们的教育行为、教育话语、课程改革，在我们的一切细枝末节中，我们真正做到了吗？我们应该时时自问！我们学会了呼喊时尚的也是科学的口号，但口号只有化为教育工作者的言行才能成为一种文化行为，才有意义。

有这样一个故事：一个年轻漂亮的小学女教师参加新课程教学比赛，课前经过群策群力，做了充分准备。比赛那天，她穿了一条漂亮裙子，裙子上贴了许多五角星，信心十足地走上讲台，一切都在预料之中，学生被充分调动起来了。每当学生做了一个很好的回答，老师就从裙子上摘下一颗五角星贴在孩子的脑门上，孩子开心极了，课上得很顺利。这时，老师裙子上的一颗五角星掉了下来，恰好掉在到现在还没有得到一颗五角星的一个同学旁边，他捡起来了，犹豫了好半天，很想把这颗五角星贴在自己的脑门上，矛盾了一会，他还是把五角星交给了老师。老师接过五角星，没作任何表示，继续上她的课。很多听课老师为这位教师感到遗憾：经验不足，她应该顺势把那颗五角星贴在那个孩子的脑门上。课继续往下上，在整堂课将要结束的时候，又一个五角星掉在了另一个一直没有得到五角星的同学的旁边，很快就下课了，这位同学也很想将这颗五角星据为己有，思想斗争了一下，还是匆匆跑到老师讲台将五角星还给老师。这位女教师说了这样一句话：课上完了，五角星没用了，你把它扔了吧。孩子听了这话，一下愣住了，他无法理解老师的做法。

应该说，这位老师的这堂课完全是功利性的价值取向，根本没有以学生发展为本。这个事例给我们的课程改革重重敲了警钟：如果只注重形式的变革，而没有真正在价值思想上发生变革，我们的课改很可能是低效或无效的。所以学校校长们、老师们应该关注价值思想。

教育就是文化的传承，课程改革就是要更好地实现文化的传承，文化的核心就是价值思想。抽去了价值思想，我们还有文化吗？文化赋予一切活动以生命和意义，文化的缺失意味着生命的贬值与枯萎。真正意义上的教育，实际上就是一个文化过程。教育一旦失去文化，所剩的只是知识的位移、技能的训练和应试的准备。

思想的缺席使我们发育不良，如果我们不关注这个问题，不关注我们课改的价值思想，其结果就是我们个人和我们教师群体发育不良，所以说关于课改的价值思想问题、新课改的理念，以及我们的文化，这三个要放在一起来理解、来关注、来探讨。

五、要力避新的形式主义

1. 要注意课堂教学中的一些形式主义

新的形式主义主要是我们课堂中的一些形式主义。在本书第二章《把握课堂的方向》中，笔者曾论及正确地把握课堂改革的方向,增强课堂教学的效果,要避免目标的虚化、内容的泛化、教师主导地位的缺失、教师使命的缺失,以及一些形式化的问题等等。我们要关注这个问题,力避形式主义出现。

2. 要避免校本教研工作中的一些形式主义

如果你还是套用,盯得不紧的话,就像刚才所说的那么多矛盾,一是没时间,二是有压力,三是什么负担重,第四是对立论等等,还有这样一种思想作怪的话,那你说得再好,下边落实不了,还是采用过去的那种形式来对待校本教研,那我们校本教研就会流于形式。比如:大家都很忙,这一次我们注重研讨什么什么,我给你们说个题,回去学习学习,看看,写写反思,写写你们的感想,等等。回去吧,那回去以后一会儿都拿一大本出来了,网上下载了一些东西,都出来了。如果说是我们盯得不紧的话,教研活动还流于形式的话,那我们的工作在一定时期内,还是在一种低的水平上徘徊。因此,在集体教研活动时,教师必须到场,不要光搞一些毫无意义的批评与表扬,要关注问题,不要飘在空中,要解决我们教学中的实际问题。我们校本教研研究的起点就是我们教育教学中存在的实际问题,我们研究的归宿就是我们要解决这些问题,目的就是要实现我们教师、学生的成长和学校的发展。所以说在推进校本教研过程中,我们要盯紧点,避免流于形式,不注重效果,我们一定要好好地关注,力避形式主义问题。

必须做好不可缺少的三项工作

我们在推进校本教研的初始阶段，或者说在一定时期内，甚至是在全过程当中，都存在这个问题。

一、制度建设

我们推进校本教研，肯定要有一些适合我们校本教研的规章制度，过去没有反思，现在要有一个反思的制度，如课后反思、周末反思、阶段反思等等，结合学校的实际，借助大家的智慧，总可以找到一个符合我们学校的一个制度。这个制度一开始不可能是完善的，但这个制度一旦形成了，你就必须坚持，在不断地探索当中完善我们的制度。推进校本教研一开始必须要有制度的强有力的保证，才能推进。制度一旦定下来，必须坚持执行，不折不扣，这是第一个我们要做的工作。

二、搭建平台

我们必须给教师提供平等交流的机会，平台的搭建，力求有效，形式可以不拘一格。学校应该结合自身实际，上联下挂，从问题入手，发挥研修效益最大化。

三、有形成果的积累

制度保证，搭建平台，有形成果的积累，是我们推进校本教研工作的初始阶段必做的三项工作。关于有形成果的积累和无形成果的生成的关系问题，教师的成长问题，笔者前文已有阐述，此处不再赘述。

校本教研工作要有"三抓"

综合郑州市推进校本教研工作的实际情况，笔者认为教育管理者还应做好"三抓"。

一、抓执行力

我们每个人要提高自己的理解力，成为一个强力的校本教研执行者。《郑州校本教研工作意见》上说得很清楚：校长是第一责任人，教学校长是直接责任人，主任是直接执行人，所以说我们的执行力怎么样，将直接影响着我们工作推进的效果。

首先，我们应该是一个研究型的、专家型的执行者。其次，我们应该是制度的忠实执行者和坚持者。第三，我们应该是一个专业引领者。我们应该是一个专业引领人员，因此我们需要做到：

1. 确立一个理念：为了生存而学习，为了幸福而奋斗

如何使我们的教师由职业倦怠、职业疲惫转变到职业快乐。这需要一个过程。我们要求教师之间的合作，如果不和谐就无法合作；我们要求新型的课堂文化，生生互动，师生互动，这是师生关系重新构建的问题……这些问题都来源于什么？洪战辉回答得好：心理贫困。在校本教研的过程中，我们的老师如何让学生体验到成功的快乐，这是一个很大的问题；我们的校本教研的推进过程中又如何让我们的老师体验出成就感，体验工作的价值和意义，体验快乐，这恐怕是我们

要研究的另一个非常重要的课题。怎么从教师之间的害怕听课、拒绝听课转变到喜欢听课、主动邀请听课，由拒绝同伴互助到主动要求同伴互助，这是一个问题，也是第一个转变。第二个转变，如何从职业疲惫、职业倦怠或者职业痛苦转到职业快乐、职业幸福上来。如果我们推进校本教研工作不实现这两个转变，我们重构我们的学校文化问题，就是一句空话。

2. 要指导一种方法

通过校本教研让我们教师体验并能从心灵深处感受到自己专业成长的价值和意义，从而促进教学研究和教学实践的结合，来改善教师的日常教学生活。这句话我是非常有感触的。提高教学质量，在很大程度上，在于提高师生的日常教学生活质量，这是提高我们教学质量的重要保证。这里面有个文化问题，有一个关系问题，有一个新课改理念的问题。改善教师的日常教学生活，促进教师观念的更新和教学行为的转变，最终使校本教研成为促进教师专业成长的一种职业生活方式。

3. 要营造一种氛围

个人反思不是做检讨，同伴互助不是批评与表扬，而是专业引领。教师的集体合作研究应该成为校本教研的一种经常性的形式。由于教师之间的教育思想、教学观念、教学模式和方式方法的不同，其间必然存在着矛盾与冲突，争鸣与思辨，这对于我们校本教研是非常有益的。因此，作为一个专业引领人员，不能为追求教研中的大一统，而忽视对不同思想、不同观点和不同方式方法的支持，所以说专业引领不能搞大一统，要关注和支持不同的教学思想、教学理念、教学方式方法,为我们的教师营造一种自由争鸣和民主思辨的学术氛围。

4. 要引领一种文化

学校要通过制度的建立和各种卓有成效的活动,建立以"学习完善教育、合作产生智慧、研究提升价值"为取向的校本教研文化。

我们要通过这样一种文化的熏陶和影响,进而营造一种人人学习、共同合作、崇尚研究的学校文化氛围。

二、抓实践者

首先要做一个有思想者。我们抓教学、抓业务的,难道会没有自己的思想?那是不可能的,我们首先要做一个思想者。然后,抓实践者,谁能够实现你的教学思想,你先抓谁;哪个学科能实现你的教学思想,你就抓哪个学科。抓点带面,典型引路。在各个学校肯定会有和你的观点相同,能够理解你的思想的教师,所以说就要抓实践者。

三、抓生成

抓生成的主要意思就是抓校本教研特色做法的生成,教师个性教学特色的生成,学校整体教学特色的生成,课堂文化、教研文化和教师文化的生成。

我们推进校本教研,希望教师在最短的时间内,能够形成一种百花齐放、百家争鸣的局面,具有个性教学特色的教师能够脱颖而出,各个学校的教学特色能够尽快形成。这对我们学校的可持续发展,教师的专业成长,学生的发展,包括郑州市的整体教学质量的提高和教育强市的建设,肯定会有积极的推动作用。要解决学校有个性教学特色的老师脱颖而出的问题、文化构造的问题、学校的独特教学特色的形成的问题，就应该在我们卓有成效的工作的基础之上抓生成，促发展。

加强学科建设,促进教师专业成长

在推进校本教研的时候,有人喜欢把校本教研和教研活动弄成两个概念、两个词,学校准备两种档案,汇报工作时当做两项工作来汇报。于是我们郑州就提出:今后一个学校里边不能再出现校本教研和教研活动两个名词,工作档案不能再有两种档案了。

在学校层面上,一切教研活动都应该是"以校为本"的。为了推进课程改革的不断深入,教育部基础司提出的是要加强"校本教研",师范司提出的是要加强"校本研修",目的都是为了研究解决教学中存在的问题,促进教师的专业成长,提高课程实施能力。目的一致,工作一样,只是提法不同罢了。我们知道,"问题即课题",实施课题带动,才能不断提高研究水平。学校的科研工作也是来研究解决学校教育教学中的问题的,所以,在学校的层面上讲,校本教研、校本研修、学校科研可以当做一项工作来做。笔者认为,在学校工作中要努力实现校本教研、校本研修、学校科研"三研一体化",解放教师的时间，增强工作的目的性和针对性，以期收到实际效果。

校本教研是推进课程改革向纵深发展的重要保证，校本教研怎么做？可以如前文所述"四四五三三"那样去做。重点是什么？加强学科建设，提高学科能力！以学科建设为抓手，助推课堂高效，促进教师专业成长。

在推进校本研究的过程中，不少同仁总有一种悬在半空的感觉，心里还不那么踏实，总觉得工作还没有完全到位。一直致力于校本教研制度探索的顾泠沅老师在 2007 年 5 月召开的第四届全国校本教研研讨会上提出了一个耐人寻味的说法——"回到粗糙的地面"。校本教研在理论和制度层面上行进就像在光滑的冰面滑行，没有摩擦力，回到粗糙的实践层面，也许更能找到前进的力量。

笔者认为："回到粗糙的地面"的着力点和立足点应该在"加强学科建设，提高学科能力"上。"学科建设"是大学的常用词，也是大学的一项常规工作。中小学不常用，但是中小学的学科建设既有别于大学，同时又有相通之处。学科建设所涵盖的内容比较宽泛，我们先从字面上去理解："加强学科建设"应该是策略，"提高学科能力"应该是目的。

做好学科建设这项工作，笔者的思路是：

一、抓好五项建设

一是课程建设。

学科建设第一位的应是课程建设。我们把学科课程建设作为学科建设的首要任务，重点解决三个落差问题，即：理想课程与文本课程的落差，文本课程与实施课程的落差，实施课程与学生学习效果的落差。把细化解读课程标准，整合教材，科学地设置课堂学习目标作为学科课程建设的第一要务。当前，高中新课程实施所遇到的首要问题就是课程建设问题，也就是国家课程的校本开发（二次开发）问题。课程建设还应该包括学科内的整合、学科之间的整合、课程资源的有效拓展、教师同伴之间的资源共享等问题。

二是教师建设。教师的职业道德建设是灵魂。（详见第五章）

三是学科组建设。它具体包括这几个方面：学科组开展校本教研活动要把握几个关键词。第一是"问题"，我们有没有问题？学科建设有没有问题？有问题；课堂教学当中有没有问题？有问题。这是以学校、教师面临的必须解决的问题为研究对象。问题是起点，是根源，没有问题，就不需要校本教研。当然，并不是说学校所有的问题都能成为校本教研的问题。校本教研研究的问题，应该具有普遍性、代表性、典型性和相对复杂性等特点。我们认为学校的教研活动的低效甚至无效，第一个主要原因就是没有研究应该研究的问题。第二便是"主体参与"。没有教师的主体参与，就没有真正意义上的校本教研。第三个关键词是"系统"。大家想一想，我们的校本教研，从一开始到现在一路走过来是不是已经形成了一个系统？我们的学科建设现在要解决的问题，会不会在不久的将来成为一个系统？我想是一定会的，要不然的话我们就白忙活了。第四个是"改进"。我们原来说过，校本教研的真正含义就是解决老问题，生成新问题，不断地解决问题，在不断解决问题的过程中促进教师的专业成长和专业发展。通过教研活动，通过同伴互助，使教师的课堂教学行为方式有所改进，提高课堂效益。

四是学科教学模式建设。找到落实学习目标的具体方法和有效途径，核心是课堂教学模式的改革与创新。因此我们要加强监控，保障目标的达成。加强对课堂教学的监控，通过学习目标、课程目标的梯次完成，最终实现培养目标，来"促进全体学生的全面发展、主动发展"。推进素质教育的基本理念，一定是让学生全面发展和主动发展，所以笔者前文论及课堂上教师的教学方式没有改变，学生学习方式没有改变，那就等于没有进行课程改革。如果说我们的教师没有关注到学生的全面发展，那就是对学生不负责任。我们的一些学校领导总是把他的良好愿望建立在相反的做法上，把学生关到教室里面，音乐课停了，美术课停了，自习课占完，体育课也不让出去活动，这个做法貌似负责，其实质是极不负责任的。你在关注学生的发展没有？你的课程开全、开足了没有？学生在课堂上学习主动了没有？这是一个在推进素质教育过程中必须时刻记在脑海里的全面发展和主动发展的问题，通过学科教学，落实到每一堂课、每个教学环节和每个学生身上。

加强学科建设，绝不仅仅是研究怎样把教材教好。它需要透彻理解这门学科的价值、目标和体系，构建这门学科相关的知识基础，开发这门学科相关的课程资源，开展与这门学科相关的教学活动，建立对这门学科教与学的全面的评价体系，最后落实到学生对这门学科的学习产生广泛的兴趣，并取得良好的效果，为学生的后续学习和后续发展奠定良好的学科基础。通过学科建设，郑州市要培养一批具有精深的学科知识、全面的学科视野、娴熟的学科技能的优秀教师。

五是学科特色建设。通过学科教学模式建设，我们可以规范教师的教学行为，确立相对精准、科学的评价体系。但探索模式，不是为了固化模式；学科教学面对不同的校情、班情、学情、生情，必将超越模式，走上特色创新的高层次阶段。但最终发展的落脚点终究是教师和学生的发展。

二、提高三种能力

这三种能力即设计教学的能力、实施教学的能力和评价教学的能力。通过抓好五项建设，提高学科教师的三种能力。这三种能力是一名学科教师应该具备的三种基本能力。设计教学的能力是前提，实施教学的能力是关键，评价教学的能力是保障。任何一名学科教师，不具备这三种基本能力就不可能成为一名合格的教师；任何一名学科教师，如果他不能积极主动地提升这三种基本能力，就不可能脱颖而出，成长为一名出类拔萃的名教师。任何一名学科教师要不断提升这三种基本能力，有一个前提：那就是必须把握学科思想，掌握学科知识体系，明确学科课程目标。否则，提高学科能力就是一句空话。围绕提高三种基本能力，我们所采取的一切行动策略，都应该属于学科建设的范畴。

三、关注两个问题

一是关注研究学生，提高学生的学科学习能力。学生是来学习的，学校的教室应该叫学室，我们的教案实际上叫学案。研究学生是提高学科能力的前提，教师学科能力的提高最终落实到学生学科学习能力的提高。每位学科教师要有问题意识，善于发现问题、研究问题、解决问题，注意有形成果的积累。二是关注校长，提高校长的课程领导力。

四、做好两项工作

第一是明确学科建设的内涵。要解决认识问题，以学校、学科组为单位进行交流讨论，认真解决加强学科建设，提高教学能力是什么、怎样做的问题，进一步修改和明确我们的学科建设规划。

第二是细化解读课程标准。针对各学科的特点，启动细化解读课程标准的研究工作，形成各学段、各学科具体的教学目标。做出我们的教学标准，评价标准也会随之而产生。

我们为什么要把学科建设中的课程建设放在第一位？为什么要把细化解读课程标准作为一项基础性工作？为什么要把弄清楚学科建设的内涵也当成一项基础性工作？这是因为国家课程是国家规定的必须开设的课程，是有相对统一的学材的课程。一所学校教学质量与另一所学校教学质量的差别，很大程度上在于对国家课程的把握上。虽然国家课程是国家制定的，但是具体到学校里，还得从教师的实际、学生的实际出发，对课程加以重新编排，包括对教学内容、教学方法的处理。教师在课堂教学中首先要确定学生的起点，并且根据学生的起点来决定教学内容中讲解的详略安排，做到有取有舍，有加有减，这是校长指导学校课程改革最重要的能力。针对国家课程来说，对教学中的空白点、关键点和难点的分析把握是至关重要的。国家课程是中考、高考的必考课程，如果不对国家给你提供的教材、学材进行二次开发，学校教学质量的提升肯定是困难的。这谈的是对国家课程的校本化开发问题，把课程建设放在学科建设的第一位，这是理所当然的。你没了课程，还改革什么？你没有内容了，还去课堂上讲什么？

教育本身就是一项充满智慧的事业，是一个技术密集型的事业，可是在一些地方、一些学校,把它退化成了劳动密集型的事业。为什么要谈这个问题,我们应该好好思考的。所谓的劳动密集型就是学生凭着自己的体力,做大量的作业,背着沉重的心理负担,通过这种途径来提高自己的成绩;教师需要靠加班加点,需要去争自习,靠补课来提高成绩,教育变成了体力劳动,这很可悲。教育从技术密集型退化成了劳动密集型,学生苦不堪言,教师苦不堪言,这是一种非理性的教学。我们为什么要加强学科建设?为什么要改革教材?为什么要根据教师实际和学生实际对教材内容加以重新编排?有取有舍,有详有略,就是为了把技术密集型退化成劳动密集型这样一个可悲的问题解决掉。河南省第二实验中学一个月以前就把课教完了,现在在拓展,各个学科组都在拓展,没有进行新课。从 2005 年开始就不再上早晚自习,现在我们的哪个学校能做到这一点,所有的作业都是教师自己设计的,没有用任何复习资料。我们要的就是这个效果,我们要还教育技术密集型和智慧密集型的本质。我们加强学科建设,提高学科能力,我们进行教材、课程建设的唯一目的就是为了减轻学生负担,提高教学质量,这是实实在在我们想做的事情。要还教育技术密集、智慧密集的本质,这就需要我们的校长,包括教育局业务局长带领我们的教师去研究课程,研究学材,研究学生,研究教师。关于教师建设问题,就是要关注我们的教师的心理健康。郑州市的教务主任和政教主任从 2006 年开始研讨,题目是如何做好毕业年级的学生心理调试问题,这一次的研讨很有成效。2008 年我们把切实做好教师和学生的心理调适工作作为学校的三项基础性、常规性工作之一。我们提出的这些命题、这些观点是有依据的。作为我们的学校,作为我们的教师，学生从家来到学校跟你干什么？跟你学做人，学学业，你应该教做人，教学业。教学质量首先应该是学生的做人质量，其次才是学业质量。有一段时间，我们的各个报纸杂志，将过去用了几十年的一句话"教书育人"，改为"育人教书"。

今天我们各位，也要改过来，从今天开始说，对每个教师说你要"育人教书"，不是"教书育人"。教师建设，建设什么啊，这是给校长说的，有内容，各个学校自己要去理解，根据你自己学校的实际去理解它的内涵，这个内涵是不需要统一的。作为校长，你是你的水平，你的老师是你的老师的水平，你的学生是你的学生的情况，我们不能把应是学校具体化的东西给整齐划一了，其中就包括这五项建设的具体含义，包括这三种基本能力的界定，这是各个学校自己解决的问题，并且必须予以解决。我们要让我们的教师早日摆脱初期的改革困惑和观念桎梏。课标解读深入本质，教学处理不再盲动草率，课堂艺术不断提高，找到一条适合自己的教学路数和行为风格。我没敢说是教学艺术特色或自己的教学风格、课堂文化。找到适合自己的教学路数，路数是不是一个简单的教学模式的雏形呢？行为风格是不是课堂教学风格问题呢？能够进入生生互学、师生互动那种百般自然和万分清新的融合通达境界。生命课堂太重要了，课堂是我们教师和学生延续生命的地方，在课堂上一定要关注生命，一定要注意课堂道德，要改变那些不道德的现象，使你的课堂能让学生回味，让学生愿意上你的课。笔者一直坚持这样一个观点，不知大家同意不同意：学生学不会，学生在课堂上昏昏欲睡，一切问题的根源就在于教师。能够迈上理性教学之旅，实现"道德课堂"的期待，这是一种理想境界，是我们努力的方向，是我们的目标，我们必须按照着我们的思路朝着这个目标去努力。一个人全部的尊严就在于他的思想。我们是业务人员，我们是业务局长，我们是业务校长，我们的业务说不清，那还叫谁去说呢？我们有一个努力学习、提高自己的任务。

最后，我们应清醒地认识到课程改革要求我们的教师在课程观、教学观、教师观和学生观方面都要进行转变。新课程标准不仅要求学生掌握基本知识和技能，更注重学生获取知识的方法和过程，以及在此过程中获得的情感、态度和价值观。所以我们在新课程培训和实施过程中，一定要转变这四个观念。根据这几年义务教育阶段课程改革推进的情况看，教师理念的转变以及对新课程的理解和认识程度不断的提升至关重要。我们要转变教师行为的定式，绝不能出现"双枪手"这种现象，既拿着老教材又掂着新教材，新教材很好，老教材也不错；新资料不错，老资料也不错；觉得有很多东西要教给学生，这可麻烦了。这样教师的负担更重了，学生的负担也更重了。笔者持反对意见。新课程的推进一开始对教师的负担会有所增加，主要增加在怎样内化对新课程的理解和认识、怎样解读教材、怎样设计教学目标、怎样设计教学的方式、方法、怎样设计教学评价的问题。一个时期的阵痛过后就可能走向驾轻就熟的道路。我们力求高质量地接轨课改，按照新课程的理念来改革我们的课堂教学模式，来改善我们的师生关系，通过新课程的改革，既顺利推进新课程又能提高我们的升学率。要力争找到传统有效的经验和新课程要求之间的结合点，开辟一条中间道路。按照新课程理念来创新我们的教学模式。对课堂教学的改革，我们要集中关注三个点。

第一个是课堂教学改革的方向,即"四个坚持";第二个是课堂道德;第三个是课堂文化。

总之,希望每位教师在理解加强学科建设,提高教学能力的内涵的基础上提高自己的学科能力,从而提高每位学生的学科学习能力。任何一位教师都应有让学生学会和会学的愿望,我们要研究办法、研究方式和途径来达到这一美好的愿望,让你所教的每一位学生在他原来的基础之上都有所提高,这就是我们进行学科建设最终所要达到的目的。

补充一点,作业,是教学必须高度关注的领域。当前,教师在实施教学过程中对作业效度的轻视,几乎是个"致命伤"。突出的问题:第一,是教师的教学与练习(训练)内容脱节,对层次性、跨度的把握不当,学生听起来知道做起来不知道;作业的选择与容量比较随意,缺乏学科教学的整体思考,与之前、之后的学习关联性不突出,而且批改作业的结果未能很好地为课堂教学的反思和改善服务。第二,是作业和批改缺乏针对性。耐心的"面批"不见了,有效的"订正"没有了,取而代之的是千校一面做"一课一练"或教师公布答案、学生批改作业等现象,教师根本掌握不了学生真实的学习状况。高质量作业的缺失将教学的基本环节"拦腰斩断",使辅导无法跟进,考试又层层加码。第三,是命题未能很好地按照课程标准实施,评价也未能很好体现绝对评价、个体差异评价、过程性评价、发展性评价思想。归根结底是教师的学科能力问题。因此,"减负"不能光靠行政命令,校长和教师必须回归教学的每个环节,以如履薄冰的态度关注每一次作业,应该成为我们的共识。当务之急是：必须关注作业的有效性，关注作业的科学性，关注作业的创造性，关注作业的多样性，关注作业的科学评价。在促进教师学科能力不断提高的同时，把促进学科课程标准达成度的不断提升落实在每一个学生身上。

Chapter 4
第四章

道德回归

　　教育是一种力量，它能直击我们的心智。寻求这种力量，运用这种力量，在帮助别人的同时，也帮助自己的人，就是教师。

　　教育有一种责任。它应让师生共同成长。知晓这种责任，完成这种责任，在实现心灵交换的同时，也让老师的生命在学生身上得以延续的，就是学校。

　　在我们的每所学校，都应该感受到这种力量，体验到这种责任。一所学校的成功，不仅在于学生的成长，也在于教师的成长，在于"名师撑起名校"。让我们共同担负起这种责任，创造这种力量。在师生共同成长的过程中，不断提高德育工作水平，提升学校的品位，实现学校的可持续发展。

德育的途径

挑战与机遇

做好中小学德育工作,必须与时俱进。我们知道,当代学生成长的时代背景正发生着巨大而深刻的变化。深刻认识德育工作的新形势,准确把握学生思想的新特点,是提高德育工作针对性、实效性的重要前提。

一、要深刻认识社会环境的影响

一是对外开放整体环境的影响。随着经济全球化步伐的加快和改革开放的深化,西方各种文化产品纷至沓来,在给学生提供多样化文化体验的同时,也把其承载的意识形态、价值观念和生活方式也带进了校园,潜移默化地影响着学生的思想观念。尤其是视觉文化产品的涌入,吸引了学生的眼球,对学生的文化心态和解读各种事物方式的变化打下了深深的烙印。二是市场化社会环境的影响。社会主义市场经济体制的建立，推进了社会转型，动摇了传统价值规范体系，新的体系尚在构建之中。经济成分、经济组织、就业方式和分配方式的多样化，导致人们价值取向的多元化，使学生在道德评价、道德行为中出现了一系列的困惑与迷惘，学生思想的独立性、选择性、多变性、差异性特征明显增强。三是数字化生活的影响。数字信息技术的发展，改变了学生的学习、生活、娱乐和语言方式；面对网上的海量信息，学生的判断选择能力还难以适应；面对现实世界、理想世界和虚拟世界的碰撞与冲突，一些学生感到无所适从，有的甚至沉湎于虚拟世界之中。四是多样化家庭环境的影响。独生子女家庭和居住环境的日趋封闭，使学生的交往范围大大缩小，同伴关系缺失，阻碍了青少年正常的社会化发展；家长对子女的过分溺爱和过高期望，导致学生以自我为中心，缺乏同情心，心理脆弱，承受挫折能力差。单亲与残缺家庭增多，孩子缺少关爱，造成一部分孩子身心的创伤和性格变异。学生家庭背景、贫富差距的强烈反差，影响了学生的人格发展和心理健康。

二、要正确对待教育的自身变化

中小学新课程改革的深入，确立了学生在学习中的主体地位，顺应了个性化教育的要求，对传统的教育观念和方法构成了尖锐的挑战，也为我们丰富课堂教育的育人内涵，开发各学科教学的德育功能，提供了难得的契机。招生考试制度的改革，为德育提供了更大的空间；要有效利用改革的契机，也考验着我们推进德育由虚变实、由软变硬的能力。学生课业负担的逐步减轻，为正确处理"育人"与

"育分"的关系创造了良好的条件，为提升学生思想道德素质创设了宽松的教育环境，也对我们育人的质量提出了更高的要求。学生综合素质评价体系的构建，为拓展学生素质提供了宽广平台，也要求我们进一步促进学科教师共同参与学生素质评价，使学生的学习目的、个性特长、兴趣爱好、社会实践能力和学业成绩紧密结合起来。

三、要准确把握学生的思想特点

当前，中小学生思想状况呈现出以下特点：一是理想与现实不协调。他们热爱祖国，热爱社会主义，但对民族文化认知度不高；他们有报效祖国的愿望，但是容易受世俗影响追求时尚，学习和生活的目标比较现实。二是自我意识与集体意识不协调。他们渴望得到他人和集体的理解与尊重，但团队合作意识与交往沟通能力不强。三是道德认知与行为方式不协调。他们有基本的是非善恶观念，对道德规范有基本认知，但容易受环境因素影响，行为方式呈现多变性和多面性。四是生理成熟与心理不协调。当代青少年生理成熟前移，心理相对滞后，身心发展不同步、不协调现象较为普遍。

德育的三种途径

胡锦涛总书记明确提出，教育要坚持育人为本，德育为先，把立德树人作为教育的根本任务。在学校层面上如何有效地落实这一根本要求，应该是我们每个教育工作者认真思考的问题。使人为善，使人向上，是教育的根本目的。《说文解字》对此作过非常精辟的解释：

"教，上所施下所效也；育，养子使作善也"。教育必定包含使人为善、教人做人、使人向上的意图和努力。因此我们说，德育不是"工作"，而是"目的"。德育，也就是育德。使人为善，使人向上，是教育的道德目的，也是判断一种活动或影响是否属于"教育"的道德标准。满足了这种标准的活动或影响，才堪称是"教育"。在校园生活里，我们如何对学生施加使其向善、向上的影响呢？笔者认为有三种途径：接受知识过程中的情感体验和心灵感悟，教师群体的言传身教，学校文化氛围的情操陶冶。

一、接受知识过程中的情感体验和心灵感悟

"三维目标"是新课程改革的一大亮点，是新课程推进素质教育的根本体现，它使素质教育在课堂教学中的落实有了重要的抓手和坚实的操作性基础。学科德育是存在于课程内容、过程、方式、活动、要求之中的德育，它与学科教学是完全同步的。任何割裂知识与技能、过程与方法、情感态度价值观的"三维目标"的教学都不能促进学生的全面发展。因此，在2006年的郑州市德育工作会上，我们提出的学校德育的五项重点工作之一就是"抓学科价值引领"。要求我们的学科教师要把道德教育融入"日常的课堂教学中"，把教材隐含的、固有的育人内容挖掘出来，与知识传授、能力培养"无缝对接"，潜移默化地渗入学生的心头。在2007年的德育工作会上我们又进一步提出要"在学科教学中强化品德塑造"。要求我们的学科教师在课堂教学中关注学生的情绪、生活和情感体验，关注学生的道德生活和人格养成；努力使教学过程成为学生高尚的道德生活和丰富的人生体验，使学科知识增长的过程，同时也成为学生人格的健全和发展过

程。现在，我们提出要"构建有道德的课堂"，其实质就是将善待学生生命落实到课堂之中，改变传统课堂机械单调的知识传授和行为训练带来的教学异化，改变师生的生命状态，建设鲜活的富于人性的教育生态。我们应该以新课程的理念，从道德自觉的高度，去重新审视我们的课堂，审视那些不道德的教育现象，努力改进，并加以完善，使我们的课堂教学过程和结果都合乎道德的要求，体现道德的关怀，孕育道德的光辉，使我们的教师在道德的环境中进行道德教育。我们的课堂应该是绿色的，学生的学业质量也应该是绿色的，是不以牺牲学生的生命质量为代价的。课堂所面临的问题，实质上也就是课堂文化问题。

二、教师群体的言传身教

教师是课程。教学，教师教学生，一教做人，二教学业；学生跟老师学，一学做人，二学学业；教学质量，就是学生做人质量和学业质量。从《说文解字》对"教育"的精辟解释中，我们会感悟到教师"所施"的重要；从"使人为善，使人向上"这一教育的道德目的，我们会感悟到教师"为善、向上"的重要；从"德育不是'工作'，而是'目的'"这一观点，我们会感悟到教师群体共同承担教育责任的重要。德育是一切教育工作最终必须落实的目的，是全体教育工作者的共同责任。淡化"工作意识"，强化"目的意识"应该是当前中小学重建全员德育机制需要解决的首要观念问题。因此，在2006年的郑州市德育工作会上，我们提出学校德育的五项重点工作之一就是"抓全员育人"，让每个教职员工都树立"教育学生，人人有责"的思想。细节是一种力量。教师无小节，处处是楷模。

好的教师不仅能将书本知识中蕴含的德育内容传授给学生，而且能以其美好理想和人格魅力感染学生。他不是将道德规范、行为准则生硬地灌输给学生，不是刻意地把某种行为与高尚师德挂上钩，而是把这些规范准则内化于心，在实际教学中，在日常生活的细枝末节中自然地表现出言与行的一致，具体实在地为人师表。这就是我们在2006年德育工作会上提出的要高度关注的四个重要问题之一："细节"。每一位教师都应该十分关注细节，要使最自然的细节成为教育契机，让我们校园的空气里洋溢着激情与温暖。公平地对待每一个学生，是教师的最低底线；教师的一个微笑，改变一个学生，不乏其例。

有人这样说：教育，就是一群不完美的人领着另一群不完美的人不断追求完美的过程。向善、向上的教师这群人领着天真无邪的学生这群人不断地追求完美，可以想象这是一幅多么绚丽的图景，多么崇高的精神境界！教师群体要引领好学生群体，首要的是要解决好师德师风问题。正所谓"学高为师，德高为范"。其次要打造一种和谐向上的教师精神，催生新型的教师文化。合作，是和谐的基础；没有合作，也就没有和谐。合作，是教师文化发展的方向。合作、交流和对话理应成为教师专业生活中必不可少的方面。在新课改推进的过程中，教师合作文化的建立极为迫切，尤其是自然的合作文化，是影响新课改成败的一个重要因素。当前，我们的重要任务是把人为合作阶段推向自然合作阶段，引导人为的教师合作文化最终达到自然的合作文化。教师合作文化的建立，必将带来教师专业生活状态的改变，进而提升教师专业发展水平和日常教学生活质量。和谐是一种高层次的文化，它不是"和稀泥"式的"你好我好他也好"，而应该是在"人人思干，人人向上"的原则下，人与人之间友好相处的文化状态。因此，教师合作文化的建立，对和谐同伴关系、和谐师生关系、构建和谐校园至关重要。

三、学校文化氛围的情操陶冶

环境是课程。人，创造环境；同样，环境也创造人。有目的、有计划地建设校园环境，努力营造出和谐的育人氛围，应该是校长的不懈追求。学校是有思想、有内涵、有底蕴的教育场所。一所学校向他人、向社会展示的不应该仅仅是外在的物质条件，更应该是它的思想和文化。一座现代的教学楼，一处园艺小品，都应该凝聚着办学者的思想。我们真正应该追求与展示的不是外显的建筑，而是一种思想、一种理念、一种文化，是对学生成长真正有帮助的东西。教育需要一种意境和氛围，其最高境界在于不留痕迹，达到和谐之美。它不仅满足了师生群体精神文化生活的需要，更重要的是通过校园人文环境建设，达到提高学校群体文明、实施校园文化熏陶的德育功效。"一墙一角皆文化，一草一木蕴教育"。让每一块墙壁都"说话"，让每一个角落能启智，让每一分气息会传情，真正实现"美在校园，乐在校园"，应该成为校园环境文化建设的意图与主旨。

完善校园制度文化。校园制度文化是校园的规章制度在运行中的文化积淀，它关系到校园是否处于一个理性、有序、和谐的运行状态。良好的校园制度文化是校园公平正义的根本保证，它比较公正地调节着校园的利益关系和人际关系，它有助于化解冲突和转化矛盾，确保校园处于协调、稳定、和谐、有序的理想状态，为师生成长提供制度上的公平机制和助推作用。完善校园制度文化,要坚持"依法治校"的制度导向,努力提升学校领导的执政兴校能力;赋予师生参与学校管理的权力;引导学校以健全制度来规范和调节校园中的各种关系,确保师生在公正、有序的校园环境里潜心学习、提升素质和健康成长。

活动是课程。没有活动,就没有教育。校园活动是对学生进行教育的有效形式。学校要以活动为依托,按照实践育人的要求,以体验教育为基本途径,坚持贴近学生生活、贴近学生实际、贴近学生群体,精心设计和组织开展内容鲜活、形式新颖、吸引力强的道德实践活动,在实践活动中要突出思想内涵,强化道德要求,并与丰富多彩的兴趣活动、文体活动、节日活动等结合起来,形成一批"品牌活动",寓教于乐,满足学生的兴趣爱好,使学生在自觉参与中思想情感得到熏陶,精神生活得到充实,道德境界得到升华。

道德与育人

让高尚道德引领师生生活

一、淡化"工作意识",强化"目的意识"

德育在我国教育中地位显赫,被视为学校"首要工作"。许多教育工作者试图在"教育工作"的框架中思考和解决学校德育的困境。问题是:德育是工作吗?学校有许多工作,如教学、管理、后勤服务等,不同的工作由不同的人来做。教学,是由教师来做的工作;管理,是由领导来做的工作;后勤服务,是由辅助人员和工勤人员来做的工作。如果德育也是一项工作,那么,它是谁的工作呢?德育不是"工作",而是"目的"。德育,也就是育德。使人为善,是教育的道德目的,也是判断一种活动或影响是否属于"教育"的道德标准。满足这种标准的活动或影响,才堪称是"教育"。

近十几年以来，学校德育"工作化"的趋势尤其明显。我们不仅在思想上把德育当"工作"看待，而且在行动上把德育当"工作"来抓。我们的本意是为加强德育，殊不知，这不但在实践中削弱了德育，降低了德育在学校教育中的地位，而且改变了德育的性质，使之从"教育目的"沦为"教育手段"。

视德育为"教育目的"，意味着德育是学校各项工作的目的和归宿，而视德育为"教育工作"，意味着德育是和教学、管理、后勤服务相提并论的具体工作。从逻辑上说，相对于"德育工作"，学校的教学、管理和后勤服务等就属于"非德育工作"，从事德育的专兼职人员是"德育工作者"，而从事教学、管理、服务工作的人员就成了"非德育工作者"，教务处和总务处就成了"非德育机构"。实践也在不断证明，将德育设置成一项具体工作，虽然强化了学校政教处工作人员和班主任的德育责任，却"妨碍"了学校其他教职工参与学校德育，也成为部分教师推卸责任的借口，最终削弱了学校的德育功能，甚至导致越加强德育"工作"，德育"工作"越难开展。

教育之不同于教唆，教育者之不同于教唆犯，教育机构之不同于培训机构，就在于教育包含使人为善的意图和努力。德育代表的就是这种教育意图和努力，它不是一项具体的工作，而是一切教育工作最终必须落实的目的，是全体教育工作者的共同责任。淡化德育的"工作意识"，强化德育的"目的意识"应该是当前中小学校重建全员德育机制需要解决的观念问题。

二、让学生享受高尚的道德生活

一是德育要回归现实生活。"八荣八耻"所蕴含的远不只几个基本德育条目的强调，更意味着德育观念的时代转型。新一轮基础教育课程改革中，基础道德教育的内容得到了强化，而且教育形式也逐步朝着生活化的方向健康发展。因此，也就有了德育要回归现实生活的呼唤。的确，现实生活是道德生命成长的土壤，道德教育无法进行"无土栽培"。道德存在于人的整个生活中，不会有脱离生活的道德。品德的培养应当遵循一种生活的逻辑，而不是纯学科的逻辑。同样，价值观教育一旦切断了与现实生活的联系，就成了"空对空"的概念游戏，且很难转变成为青少年为人处世的准则。因此，我们要提出一个"生活德育"的命题，我们要树立"让学生过有道德的生活，做有道德的事，做有道德的人"的基本理念，在重情境、重情感、重实践、重体验的生活德育教育中，让我们的学生良好的品德和行为习惯一点点地养成。

二是指导学生过有道德的生活。中小学校应该把生活道德教育作为切入点和着力点。把帮助学生对生活价值进行定位，作为学校德育的核心内容，以此来指导学生树立正确的生活价值目标和积极的生活态度；学校要重视对学生生活方式的教育引导，指导学生构建合理消费的生活方式；要引导学生多接触优秀文艺作品，开展丰富多彩的课余生活，培养学生广泛的兴趣爱好，指导学生培养健康文雅的生活情趣；重视对学生进行和谐人际关系的教育，指导学生确立正直的人际交往道德。

三是构建有道德的课堂。立足道德和教育的辩证关系，我们要充分挖掘课堂本身的道德性：第一，要积极营造"充满尊重、关怀、民主、和谐气氛"的道德课堂，杜绝强制、压抑、体罚等现象，避免课堂"灌"、作业"滥"、考试"多"、管理"死"。这应该是教师在现代课堂教学中教育理念和教师职业操守的具体体现。第二，要使课堂教学洋溢着道德的光辉，要使教师们在道德的环境中对学生进行道德教育。不仅在思想政治课上，而且在所有学科教学中，在向学生传授知识的同时，能够根据学生的心理、生理和认识能力的特点，充分挖掘学科本身的道德性，全面地对学生进行思想品德和思想政治教育，做到既重知识掌握、能力培养、方法训练、过程体验，又关注情感、态度、价值观的养成，使学生学习知识、发展智力的同时，在思想品德、行为习惯和心理素质上都得到相应的发展。总而言之：我们的课堂既要合乎道德的要求，体现道德的关怀，又要孕育道德的心灵，洋溢道德的光辉。

三、在学科教学中强化品德塑造

"三维目标"是新课程的"独创"，是新课程推进素质教育的根本体现，它使素质教育在课堂教学中的落实有了重要的抓手和坚实的可操作性基础。可以说，"知识与技能"维度的目标立足于让学生学会，"过程与方法"维度的目标立足于让学生会学，"情感、态度、价值观"维度的目标立足于让学生乐学，任何割裂知识与技能、过程与方法、情感态度价值观"三维目标"的教学都不能促进学生的全面发展。

"知识与技能""过程与方法""情感态度价值观"是新课程目标的三个维度，而不是三种目标，就像一个立方体的长、宽、高一样，具有内在的统一性，统一指向人的发展。关注"情感、态度、价值观"是以人为本思想在教学中的体现，其实质就是关注人，而关注人是新课程的核心理念——"一切为了每一位学生的发展"。在教学中具体表现为：关注每一位学生，关注学生的情绪、生活和情感体验，关注学生的道德生活和人格养成。我们的教师要努力使教学过程成为学生高尚的道德生活和丰富的人生体验，这样，学科知识增长的过程同时也就成了学生人格的健全和发展过程。目前，"情感、态度、价值观"的培养需要强调两点：一是教师要有"育人"意识，要充分挖掘所教学科所特有的"情感、态度、价值观"因素，同时要注重自身的示范作用，把教学生学会做人作为自己的头等使命。二是教师要掌握"情感、态度、价值观"培养的规律和特点。"情感、态度、价值观"具有主观性、体验性、内隐性等特点，它和"知识与技能""过程与方法"两个维度不一样，一般是难以明确、显性地表述出来的，更不可能一节课一节课具体地罗列出来。对"情感、态度、价值观"的培养既要有机地结合课程教材内容的性质和特点，又要把握课堂教学活动的情境和氛围，做到"随风潜入夜，润物细无声"。

有一种说法，笔者自己认为不是很合适，我们经常说一句话，就是我们的德育，我们对学生思想道德的教育，在课堂上，应该渗透；我们的学科，应该渗透。我认为不准确，课堂上，我们的学科教学，对学生的价值引领不是渗透问题，而是我们的学科思想。我们的学科教师，都是大学本科毕业，或是又读了研究生的课程，甚至有的是博士，我们每个学科都有自己的学科思想，学科思想是什么，就是情感、态度和价值观。我们的每一个学科的学习内容，它里面包含的道德教育的因素、价值引领的因素，需要我们教师去把它挖掘出来，在课堂上自然而然的体现出来，能够让我们的学生体验到，感悟到，从而能够获得价值认同，这是我们教师必须具备的基本功。如果说我们的思想品德课，我们的思想政治课，仅仅作为一个学科来考虑的话，错了，不是小错，而是大错而特错了。

四、提高教师群体的心理健康水平

众所周知，中小学心理健康教育的重点是发展学生的健康心理品质，帮助学生获得自我调控、自我发展的能力与方法。因此，不能把心理健康教育简单地理解为基本心理学知识的传授，不能把心理健康教育当做简单的学科课程。关注学生在学校的心理感受，引导学生积极的心理活动，减少和避免学生不健康心理的产生，是学校实施各项教育活动的基础。教师的课堂教学活动应该关注学生的学习感受，尽可能地激发学生学习的兴趣；学校的管理活动应该关注学生的感受，尽可能体现学生的主人翁地位；教师的言谈举止、仪表风范要考虑到学生的心理感受与和谐师生关系的建立；班集体、同学间开展的活动，也应该增进团队精神和同学间的友谊。毫不夸张地讲，中小学开展心理健康教育应该是学校整个教育工作的基础，促进学生心理健康发展，应该成为学校教育工作的一个基本出发点。

因此，对学生进行心理健康教育不仅仅是学校心理咨询教师的责任，更是全体教育工作者义不容辞的职责。教育实践证明，教育主体的人格特征、施教方式等外显特征对学生的健全人格发展有重大影响。中小学生群体心理健康指标不容乐观的现实，不仅仅来自应试教育压力造成的长期成长焦虑，"罪魁祸首"还有教育的施行者——教育主体不当的施教方式。

因此，在学校心理健康教育领域要更加关注教师群体的心理健康水平，只有心理健康的教师，才能造就心理健康的学生；要大力加强教师群体心理健康知识与心理健康教育技术的普及工作，提高从教者的心理健康水平和教育水平；要着重研究容易导致学生心理疾病发生的不良的教育方式这一重要的外部诱因。A. T. 杰西尔德调查表明，学生讨厌的教师有16条缺点：（1）一向训人；（2）过严；（3）情绪不稳定和不好；（4）留做不出来的作业；（5）不耐心，没有同情心；（6）不和学生在一起；（7）讨厌学生；（8）服装不整齐；（9）不笑；（10）说坏话；（11）体罚学生；（12）不公平；（13）一名学生出事责备大家；（14）偏爱；（15）教法不好；（16）不容易接近。上述这些不良人格特征与不当的施教方式是每一位教师在教育教学活动中应极力避免的。

简而言之，在素质教育理念引领下，学校必须转换心理健康教育的视角，用科学的心理健康理论武装广大教师，积极营造以融洽师生关系为核心特征的和谐的学校软环境。让我们每一位教师在学生面前都自觉成为模范公民，成为青少年学生的朋友和知己，成为学生心理保健的卫士，使我们的学生在和谐的校园环境里生动活泼地成长。

在基础教育课程改革的背景下，我们一定要强化育人意识，要从对学生的知识关怀转向精神关怀，从知识本位的教育转向以人为本的教育。不仅要关心学生的学业成绩，关心他们的生活状况，更要关心他们的内心世界，关心他们的情感、情绪，关心他们的精神生活，让学生在学习知识、技能的过程中，在情感、态度、价值观上得到协调发展。我们要切实承担起教育责任，以人格影响人格，以智慧启迪智慧，让我们的校园真正成为孩子们健康成长的乐园。

德育工作绕不开的"四个关注"

一、关注"合作"

无论从教育行政部门的层面上，还是学校的层面上，我们的教育目标一致，教育对象统一。因此，给我们提出了一个部门合作的问题。

从行政部门看，德育工作和教学工作，有的地区是一个科室抓，有的县区是两个科室抓。有的是一个局领导统管，有的是两个局领导分管。从学校层面看，德育和教学由政教处和教务处分别管理。有的是一个校领导统管，有的是两个校领导分管。因此，教育科、单设的德育科、教研室等相关部门协调合作的好坏，政教处和教务处协调合作的好坏，直接影响着工作效果。协调合作得好，就能促进工作；如果各唱各的调，各吹各的号，就会给工作制造困难。我们的一些工作如果离开了部门合作，也就无从抓起。比如：抓德育的学科渗透，教育科或单设的德育科，不和教研室合作，政教处不和教务处合作，只会抓出麻烦，不会抓出效果。因此，各部门要树立教育教学一盘棋的思想，教学工作和德育工作必须有统一的计划、安排、要求，目标要保持一致。部门和谐、合作，形成合力，尤其是在学校的层面上，政教处和教务处要下大力气，从理论和实践操作两个层面上，深入探讨。同时如何做好毕业年级尤其是高三毕业年级学生的心理调适问题，教务处和政教处也要在理论和实践操作的层面上，深入探讨。

二、关注"细节"

"合抱之木,生于毫末;九层之台,起于垒土"。学校无小事,事事是教育;教师无小节,处处是楷模。细节是一种力量。作为校长,就应当引领师生在"细"字上做文章,在"实"字上下工夫,要求每一项工作都要精心,每一个环节都要精细,每一项工作都是精品。好的教师不仅能将书本知识中蕴涵的德育内容传授给学生,而且能以其美好理想和人格魅力感染学生。他不是将道德规范、行为准则生硬地灌输给学生,不是刻意地把某种行为与高尚师德挂上钩,而是把这些规范准则内化于心,在实际教学中,在日常生活中的细节中自然地表现出言与行的一致,具体实在地为人师表。在我们的每一所学校,清晨进校时,学生向老师问好,教师必须还礼;升旗仪式上,师生必须一样肃穆庄重,同声高唱国歌;为学生颁奖,教师也要鼓掌;既然提倡尊老,教师与学生的祖辈交流,就要谦和;在学雷锋活动中,学生要学,教师也要行动;学生出现思想问题,需要批评教育,给他一把椅子,让学生坐下,这就体现出尊重与平等。与罚站与痛斥式的批评教育的效果就会截然不同……因此,我们要十分关注细节,要使最自然的细节成为教育的契机,让我们校园里的空气洋溢着激情与温暖。

三、关注"问题"

最有利于孩子健康成长的方式就是让孩子像孩子一样生活。来自孩子们的心灵需求,就是德育的最佳资源。因此,我们必须了解学生真实的思想动态和心理状况,及时把握学生的心理动态,研究学生的心理问题,使我们的工作有的放矢。我们不只要关注学生的心理问题,同时也要关注老师的心理问题,使教师在工作中体验到幸福与快乐，让教师保持一种积极、健康、向上的心态。我们不仅要关注师生的心理问题，同样也要关注德育目标问题、德育内容问题、途径与方式方法问题等等。这些问题解决不好，就谈不上师生的和谐问题，谈不上德育工作的针对性与实效性问题。问题就是课题。我们必须实施课题带动，把工作中存在的问题弄清楚，问题产生的原因分析透，采取有效对策，解决这些问题，走出一条"在实践中研究，在研究中实践，以实践推动研究，以研究指导实践"的路子。

四、关注"关爱"

教师职业道德的核心是"爱"，但有些教师就是因为对学生充满着"深沉的爱"，对自己所从事的工作充满着"高度的责任感"，而做出了对学生构成伤害的言和行。这既不是教育能力问题，也不是道德品质问题，这是传统观念影响的结果。我们不能给学生一种伤害的"爱"，而要给学生一种安全、温馨的"爱"。

教育是一种力量，它能直击我们的心智。寻求这种力量，运用这种力量，在帮助别人的同时，也帮助自己的人，就是教师。

教育有一种责任。它应让师生共同成长。知晓这种责任，完成这种责任，在实现心灵交换的同时，也让老师的生命在学生身上得以延续的，就是学校。

在我们的每所学校，都应该感受到这种力量，体验到这种责任。一所学校的成功，不仅在于学生的成长，也在于教师的成长，在于"名师撑起名校"。让我们共同担负起这种责任，创造这种力量。在师生共同成长的过程中，不断提高德育工作水平，提升学校的品位，实现学校的可持续发展。

Chapter 5
第五章

文化重建

课堂是一种生活,教师和学生都应该在课堂中找到共同的家园。课堂是充满故事的,有不断生成的事件,不断涌现的教育契机和教育机智。不管我们承认与否,任何一位教师在上课时都在营造一种课堂文化氛围,学生都在进行着某种"文化适应"。因此说,课堂中面临的问题实际上就是文化问题。

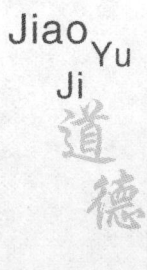

课堂文化是现代学校文化的最高境界

课堂是一种生活，教师和学生都应该在课堂中找到共同的家园。课堂是充满故事的，有不断生成的事件，不断涌现的教育契机和教育机智。不管我们承认与否，任何一位教师在上课时都在营造一种课堂文化氛围，学生都在进行着某种"文化适应"。因此说，课堂中面临的问题实际上就是文化问题。课堂是学校教学的主要场所，课堂学习是学生传承人类文化的基本形式。离开了文化，课堂将成为无源之水，无本之木。建设现代学校文化，需要以环境文化作基础，也需要以制度文化作支撑，更需要以课堂文化作底蕴。从这个层面理解，笔者认为，课堂文化是现代学校文化的最高境界。不管我们对课堂文化理解到什么程度，我们都必须关注课堂文化问题。要求我们的每一位教师都要理解课堂文化的内涵，关注自己的课堂文化建设，从而形成自己独特的教学艺术与教学风格。

学校文化首要的是课堂文化

笔者一直倡导这样一个观点，要把学校层面上对学生施加以向善、向上影响的第一途径定位于课堂，也就是说，在课堂上让学生在获取知识的过程中获得向善和向上的情感体验与心灵感悟。这正是新课程以人为本的核心理念所倡导的：要关注人，关注人的发展，关注人的"情感、态度、价值观"；正是新的课程观所要求的：从文本课程走向体验课程；正是新课程三维教学目标所要求的：课堂教学中要关注每一位学生，关注学生的情绪、生活和情感体验，关注学生的道德生活和人格养成，努力使学习过程成为学生高尚的道德生活和丰富的人生体验，使学科知识增长的过程同时也成为学生人格的健全和发展过程；正是课程改革所要达到的目的之一：要通过教师的创造性劳动和高效的课堂，来改善学生在学校的学习生活的体验和感受。

课堂文化表现在学科育人上，不是外部渗透问题，而是本身固有的东西如何自然而然呈现的问题。每一个学科都有自身独特的学科思想，都有"情感、态度、价值观"的因素。教师应该做的是，把教材（学材）中隐含的固有的育人内容和因素挖掘出来，自然而然地呈现出来，让学生体验到、感受到，从而获得价值认同。它是教师的课堂能力、课堂艺术、人格魅力的集中体现问题，是课堂的文化氛围的营造问题，是体验与感悟问题。

不管我们承认与否，任何一位教师在上课时都是在营造一种课堂文化氛围。课程改革就是传承文化的问题,我们搞教育也就是一个文化传承问题,因此,我们的哪一所学校都有文化,我们关注的是一种精神文化。

课堂是学校教学的主要场所,课堂学习是学生承传人类文化的基本形式。课堂既是一种研究的趋势,也是提高教学质量的内核所在,甚至专家们也提出了"改革最终发生在课堂上"的观点。从这种意义上来说,课堂可以被视为决定学校教育成败的关键所在。而文化充盈于课堂之内、渗透于师生之间,是课堂的重要养分。离开文化,课堂将成为无源之水、无本之木。因此,课堂中面临的问题实际上就是文化的问题。

但课堂又是制度化、规范化色彩很浓的一个场所。在课堂中,教师拥有发号施令的权利,有表扬与惩罚的权利。一所学校的文化只有在课堂里面才是开放的,才能够称得上是广泛的开放。因此,现代学校的文化建设,不仅要看学校的环境文化、制度文化,还要看学生每天在学校生活80%以上时光的课堂,这就引出了课堂文化。

课堂文化是指在长期的课堂教学活动中形成的,并为师生所自觉遵循和奉行的共同的课堂精神、教学理念和教学行为。课堂文化建设以科学的教学观为前提,以课堂为主要空间,以行为实践为主要形式,促使学生逐步产生积极的学习情感、思想品质和行为习惯,形成民主平等、合作探究的文化意识形态。可以说,课堂文化是现代学校文化的最高境界。

人与文化是密不可分的,没有超脱文化的真正意义的人,也没有离开人的文化。课堂总是存在着某种文化,不管我们是否意识到,学生都在进行着某种"文化适应"。建设现代学校文化，需要以环境文化作基础，也需要以制度文化作支撑，更需要以课堂文化作底蕴。构建课堂文化不必从理解概念开始，尤其是课堂文化的确切概念，这可能会妨碍人们对课堂文化的不懈追求。因此，在重构课堂文化的过程中，我们时时提醒自己：我们无力也无意提供一种统一的课堂文化模式，而是意在通过对课堂文化的阐述和描绘，唤起人们对课堂文化的关注，提升现代学校文化建设的内涵。

不管我们对课堂文化理解到什么程度，我们都必须关注课堂文化的问题。不管我们意识到或意识不到，它都存在着，课堂文化应该在我们的脑子里生根，要和新课程理念联系在一起去理解。我们每一位教师都在营造着课堂文化，我们每一位教师都要关注自己的课堂文化的建设。所以说，我们工作的着重点要促进我们每一位教师的课堂文化的重构，从而形成自己独特的教学风格。

道德课堂要构建的一种回归生活世界，让课堂洋溢生命气息的文化。课堂生活是师生人生一段重要的生命经历，是生命的充实与展开的过程。着眼于人的一生的发展，道德课堂生活应从教室课堂、校园课堂延伸到家庭课堂、社会课堂。

课堂文化的焦点是师生关系

课堂文化的焦点正是师生关系。师生关系是一种文化特征，它集中反映的是一种道德关系。师生关系的和谐与否，既决定着教师和学生每一天的生活质量，又决定着学校的教学质量，更决定着教师和学生的生命质量。师生关系本来应该是一种平等、民主、信任、融洽的关系，但是由于教育的严重功利化倾向，致使教师的教学观和学生的上学观被异化，导致了师生关系的扭曲和变异。目前，师生关系的扭曲和变异，成了社会关注的焦点，有多少人感叹师生关系的"水火不容"。这是学校教育的悲哀。

导致师生关系的扭曲和变异，既有社会的原因，又有学校的原因。就学校层面上讲，主要原因是我们的教育还不同程度地存在着一些不道德的现象，甚至可以说存在着道德缺失的现象。只重视学生的学业质量，不重视学生的做人质量，致使教育"育人"功能的弱化甚至异化，就是严重的道德缺失；只重视学生的学业质量，不重视学生的身体质量，也是严重的道德缺失；不按国家课程方案要求开齐课程，开足课时，考什么，开什么，也是严重的道德缺失等等。师生关系的扭曲与变异，既有教师的原因，又有学生的原因，但主要责任在教师。就教师而言，既有教师职业道德的原因，又有教师能力与水平的原因；既有教师教育观念的原因，又有教师心态的原因。真正"缺德"的教师是极少数的，大多数教师都存在着更新观念，调整心态，提高水平的问题。

教育质量，首先是学生的做人质量，其次才是学业质量，第三是学生的生命质量。透过《说文解字》对"教育"一词的精辟解释来看，教育实质上是"生命教育"；因为，教师和学生都是鲜活的生命体。何谓生命教育？生命教育就是促进师生生命的健康成长、帮助师生提升生命质量和生命境界的教育。因此，尊重生命、关爱生命、发展生命、提升生命的质量和境界,既是教育的道德要求,又是教育的根本宗旨,也是课程改革"以学生的发展为本"的核心理念的基本要求。让学生不恨同学、不恨教师、不恨学校,是学校教育的最基本的道德底线和道德要求。改善师生关系,满足这一最基本的道德要求,主要责任在教师。

第一,教师要把学生当成"人",把孩子当成孩子,满足孩子最基本的心理需要。这是作为师者、传道者应该具有的基本道德。这就需要教师调整好心态,落实"以人为本"的要求。根据美国著名心理学家马斯洛的理论,人的基本心理需要有:安全的需要、友爱和归属的需要、尊重的需要。满足了孩子这三种心理需要,才会维持孩子的幸福感,才会亲其师,信其道,效其行。

爱孩子,呵护孩子,这是母鸡都会的事,何况是人?教师职业道德的核心是"爱",但有些教师就是因为对孩子充满着"深沉的爱",对自己所从事的工作充满着"高度的责任感",而做出了对学生构成伤害的言与行。这既不是能力问题,也不是品质问题,这是传统观念影响的结果。我们不能给孩子一种"伤害"的爱,而要给孩子一种安全、温馨的"爱"。首先,教师要注意"三点":一是发现孩子的闪光"点",你会感觉到每一个孩子都很可爱,就会改变传统的学生观。二是要捕捉孩子的进步"点",用未来的眼光期待孩子,你就会认识到孩子的发展是多方面的、不平衡的,是需要过程的,就不会再有"恨铁不成钢"的偏激思想,就会自觉地反思自己的行为,就会改变传统的发展观。三是多给孩子鼓励"点",让孩子充满信心和力量,对学习充满激情,让孩子找回自信,树立信心,你就会体验到成功的快乐，改变传统的教育观。其次，教师要关爱孩子的"缺点"。"人非圣贤，孰能无过"，作为未成年的孩子，有这样那样的缺点，实在是情理之中的事。作为教师，要用关爱的眼光来呵护孩子，用包容的眼光宽容孩子，正确对待孩子的"缺点"。一方面，要善于理解孩子，因为理解是产生关爱情感的前提。当教师把每一个孩子理解为都是有个人特点的、有自己志向的、有自己智慧和性格的"人"的时候，才有助于教师去热爱和尊重孩子。另一方面，要学会"心理置换"。教师时时刻刻都不要忘记，自己也曾经是个孩子，也犯过错误，做过错事。当时自己是一种什么心情？希望老师怎样对待自己？这样想来，就会理解犯错误孩子的心情，才会考虑选用什么方式、什么态度去教育孩子。因为，我们不是要去寻找适应教育的孩子，而是要寻找和创造适合孩子的教育。要使受教育者获得阳光，教育者内心就要充满阳光。作为一名教师，爱孩子就要爱他的全部，也包括他的缺点。要把爱的阳光洒向每一个孩子，不仅照亮孩子的优点，还要照亮孩子的缺点，特别在对待孩子的缺点上，要倾注更多的爱心。

第二，回归教学的纯真，改善学生对学习的体验和感受。回归教学的纯真，就是"让教学回家"，还教学的本来面目，还学生的主体地位，把学习变成学生自己的事。学生是天生的学习者，可是当前的现状是有些学生不爱学、厌学，甚至逃学。尽管学生产生厌学情绪的原因是多方面的，但是教与学关系的扭曲是师生关系扭曲的重要原因。因此，课堂上学生不瞌睡、不厌学、不逃学，是郑州市教育局对全市中小学教师的最低的底线要求。学生是来学习的，不是来听老师说天书的；学生是来学习的，不是来看老师唱戏的；学生是来学习的，不是来看老师放电影的。课堂上，教师不要独奏，不要独唱，不要演独角戏，要转变角色，要当导演。无论是课程观、教学观、教师观，还是学生观都要进行转变。新的课程观强调从文本课程走向体验课程，强调课程不仅是特定知识的载体，而是教师和学生共同探索新知识的过程；新的教学观强调从单向的知识传播走向教学互动，把单向型教学变成多向型教学，把单一体变成共同体；新的教师观认为教师是导学者而非讲学者，教师是学生学习过程中的参与者、组织者、引导者和意见交换者；新的学生观强调学生从被动走向互动，把学习的主动权真正还给学生，促进学生的思维成长和精神成长。要构建一个有道德的课堂，促进学生的思维成长和精神成长。要把课堂打造成学生思维的操练场，不要让课堂沦为思维的"屠宰场"。课堂上促进学生的思维成长和精神成长就是最大的课堂道德。"让教学回家"，就是"先学后教，依学论教，少教多学"。教师一定要相信学生能先学。学生不是一张"白纸"，教学不能从"零起点"实施，因为任何一个阶段的学生都有着自己的经验、储备和能力。一定要让我们的教师依据新课程的要求和的原则，改革和创新我们的课堂，为学生打造一个高效的课堂。让我们的学生在获取知识的过程中同时获得向善向上的情感体验和心灵感悟。原清华大学校长梅贻琦说过："大学者，非谓有大楼之谓也，有大师之谓也。"大师依靠自己的人品、学识和课堂教学，成就了名学生。因此，回归教学的纯真，改变教学关系，改善学生对学习生活的体验和感受，把学生从"苦海"中拯救出来，是改善师生关系的第一要务。因为这既是教师的课堂能力、课堂艺术、课堂智慧和人格魅力的集中展现，又是教师职业道德水准的具体体现。

第三，展现人格魅力，用高尚的人格引领学生的发展。甲骨文中的"教"，右边的"文"中有一个"心"字，形象地告诉我们：教育就是"以心灵感应心灵"的过程。教育之道，道在心灵。毫不客气地说，如果孩子们的心灵没有被教师感应到，一切教育都是没有用的，教育的本质将离我们越来越远。因此，教育应该回归到心灵深处。

决定一个人品位和境界的，是他的胸怀和内涵，而影响一个人胸怀和内涵的，则是他阅读的数量和质量。一个人即使体魄再健康，如果其情感发育不完善，仍然是一个有缺陷的人。阅读是人的智力和情感发育的最佳途径。一个人如果没有被书中的人物、故事感动过，那么他的情感发育就有问题。没有阅读，就没有丰富的人生和充沛的感情；而情感的发育完善，则是建构人的德性，发展健全人格的重要基础。由此看来，阅读是一项贯穿人生始终的生命化实践活动，它的价值不仅在于增长知识，还在于提升精神境界和生活品质。

作为教师，既要自己读书以提高修养，也要带领学生共同阅读，和学生一起去为那书中的人物和故事而感动。从人类的道德财富中给自己、给学生找到榜样，从这些财富中为自己、为学生的心灵汲取最宝贵的东西，和学生一起去追寻那思想和生活的最高境界。教师要把自己修炼成一部值得学生阅读的、能让学生感动的、能为学生提供心灵营养的"书"。"学高为师，德高为范"。捷克教育家夸美纽斯说过："教师的职业是用自己的榜样教育学生。"学校的教师群体应该成为值得学生博览的"群书"。用教师的高尚道德引领学生的生活，用教师的人格魅力引领学生的成长，让教师的生命在学生身上得以延续。

构建新型教师文化

道德课堂要构建新型教师文化，要求学校要摒弃那种"强势的、惰性的、竞争的"传统教师文化，要构建民主的、积极的、合作的新型教师文化，特别强调，合作是教师文化发展的方向。

教师文化是学校文化的主体组成部分，包括物质文化、制度文化和精神文化三个方面。其中，精神文化是教师文化的核心，对教育教学、课程的实施有着最为显著的影响。什么是教师文化？简言之，就是影响教师行为的"潜规则"。它内隐于教师的内心，对学生起着潜移默化的影响；外显于校风、教风，渗透于教育教学之中。教师对待工作的态度、对待教学的态度、对待学生的态度、对待同伴的态度以及教师的种种教育教学决策，都间接或直接地受到教师文化的影响。教师文化是教师成长的土壤，它在深层次上对教师产生影响，并制约着教师的发展。

学校文化的第二个方面就是教师文化。目前，在为数不少的中小学校，还不同程度地存在着传统的教师文化。主要表现为一种强势的、惰性的和竞争的文化。在构建我们新型的教师文化的过程中，我们首要的是，要抛弃那些传统的那种教师文化。

强势文化。我们教师在课堂上有发号施令的权利，有表扬与惩罚的权利，有一种强势的专制的文化。在这一种文化的影响下，我们老师会用一种行政的方式来对待学生，错用和滥用我们的权利，从而不能平等对待每一个学生。

惰性文化。由于教书工作的稳定性，我们学校的一些有成就的教师，对于校本教研有一种惰性，不主动、不积极，"我已经够了，高级教师我也当上了，名师我也评上了，我的经验已经足够对付学生们了"。这就是一种惰性的东西。这种惰性的文化，具有极大的吞噬性，新教师有可能很快被它同化。不同的两个教师到不同的学校，几年以后会成为不同水平的两个教师。由于这种惰性，我们的教师拒绝新课程的理念，拒绝新的教学方式的变化，穿新鞋走老路，新瓶装旧酒，大家可能都会有切身的体会。

竞争文化。竞争的文化，来源于隔离的工作环境和我们教师的考评体系。老师们善于在独立状态下完成工作，喜欢单兵作战，单打独斗，我教的这两个班一定要超过他教的班，所以我弄点好东西光叫这两个班的学生知道，讲完之后就收回来，不想让其他班看见。这就是一种竞争的文化在作怪。合作精神缺失，团队意识淡薄。再者，现行的考评与考核的奖励机制，更加剧了教师之间的竞争关系，导致我们的教师团队缺乏凝聚力。在我们的学校当中，不同程度地存在着这样一种专制的、强势的、惰性的和竞争的教师文化。教师文化是什么？

就是一种精神，就是一种状态，就是一种氛围。

所以说我们在构建学校文化方面，课堂文化作为我们第一个要解决的问题，第二个就是我们的教师文化，新型的教师文化应该是民主的、积极的、合作的。

关于民主，我们要以平等的态度来对待学生，关爱学生。关注细节，关注关爱，就是要解决这个民主的问题，平等对待学生的问题。具有较高可信度和行为一致性的教师更容易得到学生的认同，并引领学生的发展。这才是我们需要的。

关于积极，我们的学校精神、我们教师的文化应该是和谐向上的，是一种积极的状态。还有一个是合作的，合作的文化应该是我们教师文化发展的方向。新课程非常重视合作，我们大家都有切身理解。

合作，是教师文化发展的方向。合作、交流和对话理应成为教师专业生活中必不可少的方面。新课改非常重视合作，无论是研究的内容，还是研究的方式，都涉及多门学科知识和领域，它需要教师之间更紧密、更有效地合作。因此，教师合作文化的建立极为迫切。能否建立合作的教师文化，尤其是自然的合作文化，是影响新课改成败的一个重要因素。当前，我们的重要任务是把人为合作阶段推向自然合作阶段，引导人为的教师合作文化最终达到自然的合作文化。在自然的合作文化中，合作不是行政命令和强迫的产物，而是教师共同价值观念的必然产物，是自发、自愿、自主和超越时空的，渗透于各种工作任务和日常生活中。在这种文化氛围中，开放性的对话和讨论会使各位教师的思想得到启迪，教学行为得以改善，同事的思想和良好建议会成为教师专业发展的重要资源。新型教师文化的建立，必将带来教师专业生活状态的改变，进而提升教师专业发展水平和日常教学生活质量。教师合作文化的建立，对和谐教师同伴关系、和谐师生关系、构建和谐校园至关重要。这几年，我们一直致力于政教处和教务处合作的实践与研讨，要达到的目的之一，就是要确立一个理念，指导一种方法，营造一种氛围，引领一种文化。

教育本身就是一种文化的传承，推进课程改革就是为了更好地实现文化的传承。在校园文化建设的进程中，要努力实现从文化盲从到文化觉醒、文化自觉的跨越，精心营造体现学校追求、价值观和精神传统的文化氛围，让每一位教师进入这个环境就被其氛围所感染，从而自觉地融入学校营造的文化环境中，为学校的传统、精神和办学成果而自豪，并自觉地使自己的行为与学校的文化融为一体。从文化认同走向文化融入，内化为教师的文化素养；从文化融入走向文化创新，凝聚成学校的文化力量，打造学校文化力，提升学校竞争力，促进师生的共同发展和学校的可持续发展。

课程文化是校园文化的集大成

道德课堂同样构建以课程文化为主题的学生成长平台。课程是学校的灵魂,课程文化影响着学生一生的发展。每一个学校、每一个校长都应该有自己的课程思想,应该加强课程建设来构筑课程文化,要树立课程意识和大课程观,课程即课程,校园即课程,教师即课程,学生即课程,要以专业化的方式实施课程管理,面向所有学生,关注学生的完整人生、完整心灵世界,以课程体系的开发与完善为学生创造赖以生存与发展的空间,用课程成就学生。让课程展现魅力,提升育人品位;让课程绽放生命的活力,提升师生的生命质量。从这个层面理解,道德课堂实际上可以解读为一种教育体系、文化体系。

课程是学校教育的"心脏"。没有课程,也就没有了学校。基础教育课程改革,必须在"课程"二字上做文章。什么是课程?课程就是一所学校提供给学生在学校期间得以获取知识、能力、人格以及学习经历等一切活动的总和。换句话说,一所学校有计划地让学生主动学习的一切活动和一切活动的全过程都是课程。课程是学校实施教育活动最基本、最有效的载体。因此，多年来，我们一直强调的一句话就是，如果不进行课程建设，课程改革就是一句空话。

什么是课程文化？课程文化就是一所学校提供给学生在学校期间得以获取知识、能力、人格以及学习经历等一切活动的精神产物，是学生主动学习过程中所呈现出来的所特有的价值认同与价值追求、精神富有与精神成长。课程文化是一所学校办学特色和个性发展的集中体现。基于这种认识，笔者经常会向校长提出了一个思考题：你的课程思想是什么？课程思想和学校的办学思想有什么关系？和学校的校训、校歌有什么关系？和学校的文化建设、学校的办学特色有什么关系？根据笔者的理解，可以先这样说，学校校长的课程思想是学校的办学思想的具体体现，是为实现办学目标（培养目标）而进行的整体课程构想和课程规划，是学校进行文化建设、形成办学特色的前提与基础。校训、校歌则是课程思想在文字上显性表述和体现课程思想的师生共同的价值追求和精神追求。因此，课程改革推进到今天这个程度，如果我们还停留在课程观和课程意识的层面上，那就太"初始阶段"了。我们应该提升到明确课程思想，建设课程文化的层面上了。

2004年，郑州市金水区举办的国家级课程改革实验区校本教研研讨会的主题词就是"深入开展校本教研，催生新型学校文化"。教育本身就是一种文化的传承，推进课程改革就是为了更好实现文化的传承。金水区课程改革不断推进的过程，也就是一个文化的传承和创新的过程，一个文化的不断生成和提升的过程。随着课程改革的不断深入，金水区在学校文化建设方面历经了三个阶段：第一个阶段，通过落实"十大措施",扎实推进校本教研,重塑了教研文化,逐步形成了以"平等、合作、交流、共享"为主要元素的教研文化和教师文化,使全区学校文化建设迈出了坚实的第一步。第二阶段,通过"关注课堂教学,构筑理想课堂",让课堂焕发生命活力,让课堂成为师生共同成长的乐园,逐步形成了"规范高效,情智共生"的课堂文化,使全区学校文化建设迈上了一个新的台阶。第三个阶段,通过"强化课程建设,提升课程价值",让校长们站在课程的高度,去审视学校的一切教育教学活动,初步形成了"开放、多元、富有活力"的课程文化,使全区的学校文化建设步入了一个新的阶段。因此,金水区的经验非常值得研究、值得学习、值得分享。站在文化变革、文化重构的高度来审视学校的一切教育活动,应该是作为基础教育课程改革的实践者、引领者的中小学校校长,必须具备的基本素质。如果达不到这种认识程度,那就真的应该深深地反思了。

明确课程思想,加强课程建设,构筑课程文化,彰显办学特色,应该是每一位中小学校长办学的基本思路和工作目标。校长的课程思想,就是校长围绕学校的培养目标,对学校课程设置、课程实施、课程管理与评价的思考、认识、看法和观点。因此,确定适合新课程要求、适合学校实际的课程思想,是校长办好学校的前提与基础;加强课程建设,让教师体验、感悟、实践自己的课程思想,是校长办好学校的关键和保证;形成课程文化,彰显办学特色是校长的办学追求。

学校的课程建设,实质上是一种基于校长课程思想实践的"校本化"建设。主要包含三个方面:第一是国家课程的"校本化"。一方面是国家课程的校本化整体构想、规划和实施,一方面是各学科课程的校本化实施。第二是校本课程开发。校本课程开发要紧紧围绕学校的培养目标。校本课程凸显的是学校的办学特色，是实践校长课程思想的特色化课程。因此，应该站在课程的高度，来审视学校的一切教育活动，把学科的、政教处的、团队的、学生会的等等所有活动课程化，纳入课程建设规划，予以实施。第三是加强国际课程交流，拓宽国际视野，提升课程水平。

　　学校的文化建设，并不是虚无缥缈的，是可以看得见、摸得着的。不管是我们自己，还是教师和学生，每天都在感悟文化的所在，感受文化的力量。正像金水区的教师们的体验和感悟那样：要让文化浸润每一位师生的心灵，让文化从高高的神坛走向粗糙的地面，从形式上的虚化走向具体而细微的日常生活，就必须从整体上去建构学校的各种课程资源，不仅课堂、教师是课程，而且环境、活动同样也是课程，它们都是构成学校文化内涵的重要元素。只有站在"课程"的高度去审视学校的一切教育教学活动，文化的影响才更具生命力。

Chapter 6
第六章

对话道德课堂

　　课堂即生命，是师生延续、发展生命的地方，若将善待学生生命落实到课堂之中，课堂定然是鲜活的，富于人性的。而道德缺失的课堂很容易使教学转化为一种机械的、单调的知识传授和行为训练模式，很容易使学生产生枯燥、疲惫、厌烦、焦虑等感受。长此以往，必将扼杀师生的思维与精神，恶化他们的生存状态。

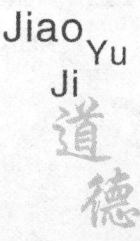

Chapter 6
第六章

校品道德课堂

构建合乎"道"至于"德"的道德课堂

2010年,对于河南省会郑州的教育来说,注定是一个具有转折意义的年份。这一年被定义为郑州教育的"课改突破年"。在解读课标、推进校本教研、构建教学模式、开发课程文化的基础上,他们又一次锁定课堂,启动了一场对抗课堂教学异化——道德缺失和反道德现象的变革。他们以教师自我诊断为切入点,梳理课堂教学中的道德缺失和反道德行为,系统构建基于生命关怀的道德课堂文化,全面提升师生的生命质量,逐步探索区域教育内涵发展、均衡发展的整体推进策略。

这是一次从课堂原点再出发的集体行动。就像在一个圆形跑道上行走,从起点到终点,然后再出发,虽然位置相同,但意义却大不相同。我们期待着郑州教育在新的课改旅程中能走得更远。

为什么提出道德课堂

褚清源：实际上，教育即道德。在学校教育系统中道德教育无处不在，而道德课堂直接把课堂至于道德层面，为什么要着力放大课堂的道德功能？

田保华：教育应教孩子学会做人，使其向善、向上、向美，这是教育的道德目的、道德要求、道德标准。如果我们的学校任何一项活动、任何一项工作、任何一项影响是符合了教学生向善、教学生向上、教学生向美的话，这才称其为"教"。如果违背了这样一种道德标准，就不称其为"教"，而是教唆。

而教育改革最终必然发生在课堂上才有意义。我们一直把在学校的层面上对学生施加以向善、向上影响的第一种重要途径定位于课堂：在课堂上，让学生在获得知识的过程中获得向善向上的情感体验和心灵感悟。

课堂即生命，是师生延续、发展生命的地方，若将善待学生生命落实到课堂之中，课堂定然是鲜活的，富于人性的。而道德缺失的课堂很容易使教学转化为一种机械的、单调的知识传授和行为训练模式，很容易使学生产生枯燥、疲惫、厌烦、焦虑等感受。长此以往，必将扼杀师生的思维与精神，恶化他们的生存状态。因此，作为课程改革的专业引领者，我们必须提出明确要求：每一个教师必须以新课程理念，从道德自觉的高度重新审视自己的课堂，审视那些不道德的教育现象，努力加以改进和完善，使自己的课堂教学过程和结果都合乎道德的要求，让我们的课堂生活充满生命的活力。

褚清源：您曾提出，传统课堂存在一些缺"德"的现象，甚至反道德的现象，道德课堂的提出是否就是基于对这些现象和行为的矫正？

田保华：观察一下我们的课堂，不难发现，一些教师常常以"为学生的将来负责"的名义从事着极不道德的教育教学。比如，我们的教师独霸着时间，独霸着课堂，霸占了课上，又霸占了课下，还霸占了学生的休息时间，这是一种不合道德的做法。尽管我们的教师是出于"好"的初衷，但不能用错误的方法，用背道而驰的方法，达到教育的目的。如果我们收获的教育成绩让学生付出了太大的代价，那么，所谓的"一切为了学生"便成了美丽的借口。

有的人做了一辈子教师，重复的只是一种了无生趣的教学模式，自己没精打采，学生如坐针毡；自己身心疲惫，教学质量却平平淡淡——他们把智力劳动变成了体力劳动。这是一种非理性的教学。

教材中20%的知识，学生可以通过自学解决，70%通过小组合作可以获得，只有10%的东西需要老师来指点。这就是我们通常所说的"271"法则。因此，道德课堂必须把学习的主动权还给学生，学习本来就是学生自己的事情。

褚清源：是的，传统课堂也能赢得分数，但很大程度上抑制了学生的个性，丢失了学生学习的兴趣，扼杀了学生的学习力，代价太大，成本太高。

田保华：课改背景下，我们必须站在道德自觉的高度和育人的立场来审视课堂教学，依照道德的目标和价值取向来分析和矫正当前课堂教学中存在的种种"不道德"甚至"反道德"的现象与问题。立足于学生现实学习和生活需要，着眼于学生后续发展和终身学习的需要，以"构建道德课堂，提升师生生命质量"为目标，把课程改革和课堂教学改革进一步推向深入。实际上，道德课堂不仅仅是育德的问题，在课堂上能够促进学生的思维发展，同时又能让他获得学业的成就，这就是最大的课堂道德。我们的课堂应该满足学生学业进步的需求，也就是考试分数的需求，同时也应当满足学生的思维发展和精神成长的需求。

构建新型师生关系

褚清源：道德课堂的内涵是什么？

田保华：道德课堂即"符合道德标准"的课堂，是一种高品质的课堂形态，要求教育者用"合道德"的方式，在充满尊重、关怀、民主、和谐的环境中，在身心愉悦、人格健康、精神自由、生命自主的学习过程中，使学习者获得学业进步和身心全面发展。

道德课堂强调的是以学生发展为本，把学生"今天的健康成长"与"明天的幸福发展"有机统一起来，让学生在充满尊重、关怀、民主、和谐的氛围中，身心健康、精神自由、生命得以自主地发展。对学生而言，道德课堂强调的是以学生的全面发展为本，把学生今天的健康成长和明天的幸福发展有机地统一起来，让学生在充满尊重关怀民主和谐的氛围中，身心健康、精神自由、生命得以自主地发展；对教师而言，课堂是教师生命延续的舞台，是教师追求卓越的过程，教师在教育教学活动中完善人格，实现生命的价值和幸福。

道德课堂的第一个层面上必须是高效的课堂，第二是必须是能够促进思维发展的课堂，第三个是必须是能够促进学生精神成长的课堂。

褚清源：道德课堂关键在于构建新型的师生关系，新型的师生关系应是怎样的？

田保华：在课堂教学结构诸要素中，师生关系是最重要、最灵动的一组关系。道德课堂强调，教学是师生交流和沟通的过程，在和谐的师生关系下，师生心理相容、情感交融，课堂上教师善教、学生乐学，气氛活跃而适当紧张，不同层次和个性的学生都能得到发展。师生关系就像导游和游客的关系一样，教师就像导游，学生就像游客。导游要把游客带到哪里去？要去哪几个景区？每个景区游览几个景点？每个景点是自然景观，还是人文景观？有什么历史渊源和文化内涵？

道德课堂的抓手

褚清源：在实践层面，推进道德课堂构建了哪些具体的抓手？

田保华：在构建道德课堂的实践中，我们倡导各学校和各学科教师要结合实际，积极探索道德课堂实现途径和策略，呈现丰富多彩的道德课堂模式和文化。

　　这些年围绕道德课堂的构建，我们提出了很多策略。比如，我们提出学校首先要进行自我诊断，让每一个学科教师都自我诊断，我们的课堂上到底有哪些道德缺失现象；比如倡导每个学校都要构建符合学校校情、学情的教学模式；比如全力推进校本教研，抓课标解读。在这里我想重点谈谈校本教研。2006年5月，在郑州市校本教研交流会上，我们提出了"一个把握三个抓。""一个把握"即推进校本教研要把握五个要点：一是问题即课题、教学即研究、成果即成长；二是平等对话，交流碰撞，专业共生；三是推进校本教研的最高境界是要催生新型学校文化（突出强调课堂文化和教师文化）；四是要关注课改的价值思想（以学生的发展为本），抓住课改的"魂"；五是要力争避免新的形式主义；"三个抓"即下一阶段校本教研工作要突出抓好三个点：一抓执行力，二抓实践者，三抓生成。

　　关于校本教研，关键要澄清四个糊涂认识，即负担论、神秘论、无谓论、对立论。一些教师把推进校本教研当做一种工作负担，我们去检查工作的时候，部分学校准备了两套档案，一套是校本教研的档案，一套是教研活动的档案。这说明一些学校的领导和教师还没有真正理解校本教研的内涵。所谓神秘论，就是"这是个什么东西啊？"弄不清楚，似乎可望而不可即。二是无谓论，有人说"我教了一辈子书了，我不会搞校本教研啦"。三是对立论，就是推进校本教研没时间没精力，"现在抓质量、抓升学率，没时间"。

道德课堂是文化重建

褚清源：在道德课堂理论体系中提出，道德课堂最终是一种文化体系的重建。道德课堂与文化的关系如何解读？

田保华：教育就是一种文化的传承，课程改革就是要更好地实现文化的传承。不管我们承认与否，任何一位教师在上课时都在营造一种课堂文化氛围，学生都在进行着某种"文化适应"。因此，课堂中面临的问题实际上就是文化问题。课堂是学校教学的主要场所，课堂学习是学生承传人类文化的基本形式。离开了文化，课堂将成为无源之水，无本之木。建设现代学校文化，需要以环境文化作基础，也需要以制度文化作支撑，更需要以课堂文化作底蕴。可以说，课堂文化是现代学校文化的最高境界。不管我们对课堂文化理解到什么程度，我们都必须关注课堂文化问题。要求我们的每一位教师都要理解课堂文化的内涵，关注自己的课堂文化建设，从而形成自己独特的教学艺术与教学风格。

褚清源：道德课堂要构建什么样的文化？

田保华：道德课堂要构建的一种回归生活世界，让课堂洋溢生命气息的文化。2007年我们曾提出，要让学生享受高尚的道德生活，一是要回归生活，二是要指导学生过有道德的生活，三是要构建有道德的课堂，并且提出在学科教学中要强化品德塑造。课堂生活是师生人生一段重要的生命经历，是生命的充实与展开的过程。着眼于人的一生的发展，道德课堂生活应从教室课堂、校园课堂延伸到家庭课堂、社会课堂。

道德课堂要构建新型教师文化。要求各学校要摒弃那种"强势的、惰性的、竞争的"传统教师文化，要构建民主的、积极的、合作的新型教师文化，特别强调，合作是教师文化发展的方向。

道德课堂同样构建以课程文化为主题的学生成长平台。课程是学校的灵魂，课程文化影响着学生一生的发展。每一个学校、每一个校长都应该有自己的课程思想，应该加强课程建设来构筑课程文化，要树立课程意识和大课程观，课程即课程，校园即课程，教师即课程，学生即课程，要以专业化的方式实施课程管理，面向所有学生，关注学生的完整人生、完整心灵世界，以课程体系的开发与完善为学生创造赖以生存与发展的空间，用课程成就学生。让课程展现课程魅力，提升育人品位；让课程绽放生命的活力，提升师生的生命质量。从这个层面理解，道德课堂实际上可以解读为一种教育体系、文化体系。

(褚清源，《中国教师报·现代课堂周刊》主编)

Chapter 7
附 录

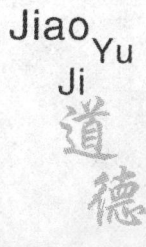

一场关于道德课堂解与构的对话

——《中国教师报·现代课堂周刊》道德课堂研讨会观点摘要

时间：2010年8月9日

地点：河南省郑州市第一中学

与会专家：

王红顺（河南省洛阳市宜阳县三乡乡中心校副校长）

朱　丹（河南省郑州市第一中学校长）

刘志军（河南大学副校长）

李炳亭（中国教师报采编部主任）

李海龙（河南省基础教育教研室主任）

郑冠坤（河南省新密市教研室主任）

娄季俭（郑州市教研室主任）

韩经权（河南省洛阳市教育局副局长）

道德课堂是在课改进入深水区的今天,郑州市教育局提出的一个教育命题。基于对传统教育背景下"应试本位"的教学观、"知识本位"的课堂观、"分数本位"的评价观的矫正,道德课堂主张立足于学生现实学习和生活需求,着眼于学生后续发展和终身学习的需要。

2010 年 8 月 9 日,河南省郑州市第一中学会议室,来自郑州市、河南省的教育教学专家齐聚一堂,围绕进一步总结提升道德课堂内涵和价值的主题,共同对话,碰撞智慧,共襄区域推进道德课堂路径。与会专家们的普遍愿景是道德课堂能够将郑州区域课改不断引向深入。

课堂失德表现的审视

李海龙:新课改过程中我们产生了不少误区,原因是对新课改理念的认识不到位,割裂了课堂,使得有些课堂从形式甚至本质上变得不道德。这其中有些是很容易理解的不道德的课堂行为,还有很多则是隐性的。课堂教学强调的三维目标,是一体的三个维度,但在很多地方被孤零零地割裂开。有些老师授课,先进行知识的传授,第二段进行过程与方法的指导,最后升华一下,进行情感的说教,把一节课人为地割裂为三段。新课程倡导自主学习、合作学习、探究学习,也被我们老师割裂开了,先自主、再合作,最后探究。

王红顺:道德课堂,使我们可以用道德的标尺对课堂进行理性的审视。

以前的课堂教学中有哪些行为是不道德或者违背道德的？比如课堂教学目标的制订，孩子一个学期本来应该学会 200 个字，现在提高目标一个月内就要求学会 500 个字，这是不是有必要？在教学目标的完成过程中，是不是有不道德的行为发生？还有是对于教师引导学生自学的审视，学生自学能力很多都是与经验有关的，孩子们有知识基础、能力基础，还需要一个经验基础，对经验基础的储备，老师们有没有有意识地帮助他们？课堂目标达成阶段，有达标检测，但是仅仅是知识达标的教育链条是不完整的，学生学习了知识，能不能解决实际的问题，他的创新能力、实践能力有没有提高？评价只有注重了这些方面，才是完整的。

朱丹：我们一线教育工作者很容易走上这样一个"窠臼"：智育上要求孩子如何如何学习，德育上又要求孩子如何如何做人。大家很容易都有这样的一个习惯性的做法。问题在哪？人为地将二者分离开。事实上，郑州市提出的道德课堂最重要的意义就在于找到了智育课程和德育课程很好的一个结合点。这是道德课堂的重大贡献。我们光说课堂教学的三维目标，怎样运用三维目标教学，其实道德课堂就很好地阐明了这一点。道德课堂真正引领起教学从二维走向三维。

娄季俭：我们要用道德的方法教育学生。一方面，我们要理解和尊重学生。理解是尊重的前提，要理解学生的认知规律，要把握学生年龄特点、心理特点。很多时候，教学中出现的问题，都是因为教师以成年人的思维水平去要求学生，没有顾忌学生的思维水平。我们要相信和依靠学生，有些东西是学生自学就能学会的，那就要完全放手交给学生。另一方面，我们要构建有效教学。教学不能仅仅停留在浅的层次上，有效教学是构建道德课堂的基础，通过细化和解读课程标准，老师要知道一学期的教学目标，然后再进行分解，到每一节课的教学目标是什么。每一节课的教学目标都实现了，每一节课都是有效的，那么有效教学就能实现，道德课堂就能实现。

王红顺：课堂上影响学生成长的因素有四个：一是要对孩子进行思想引领和道德引领；二要进行思维方法、学习方法的引领；三是心理的辅导；四是氛围的培育，这个氛围就是环境文化。课堂如果对文化忽视，也是不道德的。

课堂中学生的心理问题都不可避免地存在。对这些心理问题怎样进行疏导，也是道德课堂应该关注的重点。在课堂上，我们不仅要关注学习方法、思维方法，还要关注价值引领和心理疏导。

对道德课堂内涵的探求

郑冠坤：道德课堂有别于德育课堂，道德一词是社会学意义上的概念，而德育一词是教育学意义上的概念，道德课堂这一理念的提出，恰恰突破了教育学范畴，让课堂走出了课堂，走出了校园，走出了校园文化。道德一词，社会各界都很容易在基本内涵上接受它的概念，是社会运行的思想准则、行为准则。而德育，是在教育系统内部应用的道德教育。把道德冠于课堂之前，是对新课程理念的一种突破，而这也是素质教育追求的终极目标。

教育不是培养专业人，而是培养社会人，培养社会公众，培养公民。道德课堂是对新课程理念的一种提升，一种转化，终于把教育内部界定的这种新课程终极目标转化为社会追求目标，终于让教育课堂、学校课堂、教师课堂、课本课堂转变为社会课堂，和社会接轨。

朱丹：我们学校推进的主体课堂与道德课堂有一些区别。正是这样，才显出道德课堂的必要性和合理性。课程改革已经到了"升级换代"的新时期，道德课堂是郑州市教育主管部门吹响的"集结号"。培养学生的自主精神是我们主体课堂的核心，新时期的主体课堂应该是道德课堂的一个子课题。主体课堂与道德课堂在要义上是相通的，道德课堂强调的六个转变，教师变学长、讲堂变学堂、教室变学室、教材变学材、教案变学案、教学目标变学习目标是其变革的核心要素，也是下一步我们大力着手变革的方向。

刘志军：在我们现在的学术研究中，德育与课程教学是分开的。道德课堂，从课堂教学的非道德性思考提出来，实际上是针对一些问题。我们现在的课堂教学，实际上是一个舶来品，是引进西方的班级授课制的具体组织形式。从现代教育理念出发，我们发现了班级授课制的一些问题。近年来，在具体的课堂教学实施中，还产生了一些变形，这些变形导致出现了一些不道德的现象。

整个中国古代社会，延续两千多年的教育传统，都是伦理本位的，是一种德性传统，最大的一根主线就是教会学生做人。从春秋战国到秦汉，一直延续到明清，整个学校教育、教师教学的基点，就是德性传统，伦理本位的德性传统。引进西方的课程与课堂教学以后，这个德性传统淡化了，有些走到极端的地方甚至是没有了。实现道德课堂，回归德性传统，可以有助于我们当前正在进行的课程改革走向深入，也有助于提升中国特色现代化课堂的内涵。

郑冠坤：道德课堂的"道德"，我定位为三点。

第一，道德课堂的第一重内涵应该是社会道德。不管是什么样的课堂，你教给学生什么，你传授的技能，你给指引的方向，最终要适应于现行制度下的道德需求。现行的德育不能在社会上落地，必须对社会道德进行重构。道德课堂必须以社会道德教育为主，而不是以学校德育为主，学校德育要升华转化为社会道德。

第二，应该是科学道德的重构。课堂教学方法，教学模式的设置，评价方法等等，如果能和社会接轨，和现行经济发展、政治发展接轨，它就是科学的。所学的是社会上用不上的，甚至是所摒弃的，这些都是不科学的。科学发展观必须转化为学校、学科、课堂道德的重建。

第三个层面应该包括职业道德重建。因为前两者不科学，导致最后教师的职业不道德，老师逼学生，老师打学生，老师筛选学生，老师去"挖"学生。如果这些能够解决，老师的职业能力能得到极大提升，它必然增加课堂教学的自信，增强道德课堂实施能力。

李炳亭：道德课堂是基于课改而生长出来的一种鲜活的行动主义，不是先有理论，再由理论指导出来的，而是从行动当中"走"出来的。我认为郑州的道德课堂具有几个特点：第一，是基于问题解决的；第二，它摆脱了"知识本位"的低层次教学束缚；第三，它是基于人性和生命本质，道德课堂应该是一个学生的课堂，而不是书本的课堂、教材的课堂，也不是教师的课堂；第四，道德课堂应该又是多元的，生长的。

教育本该合乎道至于德

郑冠坤：道德教育的提出，针对三个重大的问题：一是我们的学校本应该培养适应社会的人，能够在社会上独立生存的人，但现行的教育，大多数学校却在引领学生钻或是攀进"象牙塔"，大家都在向"象牙塔"进取、努力；二是纠正了我们课堂教学方法不当的问题。社会需要有操作能力的人才，能解决实际问题的人才，而在我们很多课堂上，不是训练能力，而是训练做题，高考也仍然带有浓重的记忆、"抄袭"痕迹；三是纠正了我们学校评价方式上的不道德，我们现有的评价方式，多数学校都是在排队，多数学校都在择生，多数学校都是在"挖"名师。虽然我们提均衡教育，但大多数学校还在划分分数等级来招新生！道德课堂最重要的影响是实现了道德校园、道德教育，甚至是道德教研，道德科研，道德评价，道德升学，道德用人。

刘志军：道德课堂，尤其是对于师生两个层面，意义非常重要。它有助于师生生命意义的共同提升。道德课堂强调一定要关注教师的生命质量，由教师将好的生活质量传递给学生，才能够让学生的生活质量也得到提升。所以说道德课堂实际上是提升师生生命意义的课堂。提升师生的生命意义，才有可能解放教师的创造力，让教师迸发出更大的创造力，才能使他们能够在已有的基础之上，不断求得新的改进和提高。

王红顺：对于道德课堂，我的建议是一定要谨防学生成长中的"蝴蝶效应"。我们应该从道德课堂拓展到道德生活，再由道德生活出发，拓展到道德人生。

道德课堂有显性和隐性的达标。对于学生潜能的开发，对于学生自我、自信的诱导，在道德课堂上会淋漓尽致地显现出来。孩子们的大多数时间是在课堂上的，如果课堂上都不幸福，能说他校园生活幸福吗？校园生活幸福，才能说孩子的童年幸福。童年幸福加上未来的幸福才是人生的幸福。课堂幸福，不能把孩子的幸福理解为某一段。而孩子们毕竟都要走向社会，要培养未来民主的公民，第一要培养对未来生活的适应能力，教会交往、教会合作的道德课堂在这方面的优势就展现出来。

娄季俭：我们要通过教学活动，对学生进行正确的价值引领和道德引领。道德课堂在这方面的优势就充分显现出来。

我们的老师在向学生传递知识与技能的过程中要注意运用什么样的方法，用什么样的过程，让学生能够通过过程体验学习，从而通过知识技能、过程方法的体验，使学生在情感、态度、价值观上得到提升。这是最重要的教学目标。通过这样的形式，对学生进行道德引领，十分重要。

如果把未来所有问题都归结于教育，是不合适的，但是教育应当充当起很重要的功能。通过道德引领，能将教育的功能发挥出来。通过构建道德课堂，使教育回归"合乎道、至于德"，也就能使我们的教育迈上一个更高的层次。

区域推进道德课堂行动

韩经权：非常赞赏郑州市教育局选择了区域推进道德课堂的方式，这表明郑州市的课程改革已经迈上了一个新的台阶。把课堂行为提升到道德的层面，应该说具有振聋发聩的意义。对于我们提高对课堂的认识，很有针对性和启发。

我也很赞同郑州市教育局在道德课堂推进中给理念不给模式的作法。这是很智慧的策略，这个策略的背后就是尊重实践，教育其实更多的是实践的智慧。理论上的很多问题，很完满，但在实践中操作都不轻松。尊重各个学校的首创精神，总结学校、教师的优秀作法，可能是更有效、更智慧的。

刘志军：我认为区域推进是当前教育改革发展的一个必由之路，我前两天刚写了一篇文章，《变革性实践的几条路径》，就提到了这一点。这次《国家中长期教育改革与发展规划纲要（2010～2020）》里面也探讨了这个问题，还准备选择试点来进行探索。

我认为区域推进道德课堂有两个方面要做好，一是要做好区域推进道德课堂的总体设想和总体目标的传递，就是怎样把道德课堂理念很好地传达给具体执行的校长、教师。我们除了对理念本身要有详细的阐释，还要最好步骤、细节实施操作方式方法的阐释，要做好充分的预设。道德课堂不一定要形成固定的模式，但是一定要有规范，比如之前道德课堂提出的"十条规范"。这样就给了一线教师"抓手"。

韩经权： 全区域推进道德课堂一个普通老师应该怎么去做，在课堂中应该如何去展现？他要遵循教学规律。一是"知识需要学"，知识是学生学来的，不是教师教来，我们现在在课堂上如果讲得多了一点就要改善。二是"技能需要练"，我们现在练得不少，但是课堂上老师占的时间多，本来练的时间被大量剥夺了；再者是练得低效，依靠大量的题海战术。三是"习惯需要养"，我们以前没有重视对学生行为习惯的培养，包括学习习惯的养成。四是"做人需要教"，"为人师表"，可我们经常会忽视我们在课堂上的行为，没有做出好的表率，给学生一个不好的示范。

改善就是进步，进步就是成功。区域推进，我建议就是要从改善开始。现在课堂中的问题，教育呈现的问题，是整个社会生活方式的一种体现与反映，教育期待回到原点，将做得不好的改正、提升。现在教育的问题是理念泛滥，理念无限多，不缺理念，缺乏的是信念，我们需要回到课堂，充分尊重老师，期待一点点的改善，通过一点一滴的积累，通过量的积累，达到成功。

李海龙： 道德课堂，老师怎么去做，是根本的核心要素。只有教师真正理解了，真正理解了道德课堂根本，真正理解新课改的理念，才能从根本上解决新课改的诸多问题。才能教给学生真的知识与技能。

摆在我们面前的工作很多。多高的效率可以使我们学生都学会，多高的效率可以使我们的学生都得到发展，怎样兼顾到每一个同学，个体效率与整体效率的问题。德育与我们今天的道德课堂，怎么样去内化，怎样再外化为我们的行动。学校教育与社会教育的一致性问题，学校德育怎样与之接轨。包括对道德模式的探索，道德课堂与模式接轨的问题，种种问题都有待于大家去研究。

王红顺： 在整个区域推进道德课堂时，我建议要做好三项工作：

第一，要重视战略、战术、战役关系的处理。道德课堂是总的战略，推进要从一次一次的战役开始，同时还要注重战术。战略是教育局、专家组的事，战役是学校的事，具体操作的是教师，要分工明确。

第二，道德课堂是有层次的。对道德课堂的要求，要从基本层次、提倡层次和弘扬的层次分层来推进。

第三，先杜绝课堂中反道德的现象，尽量避免因忽视而出现的不道德的行为。

朱丹： 教师的角色是决定课程改革成败的关键。我建议，道德课堂在进一步的操作时，整个教师队伍的跟进，一定要作为重要的方面。如果不跟进，很多老师就容易出现将情感、态度、价值观的"表演"作为教学的唯一重要方面，课堂就只剩下表演，而丢掉了第一维、第二维的知识技能、过程方法目标。这样才能保证道德课堂的成功。

韩经权： 构建道德课堂应该是一种基于问题的实践。过去对教育的供给和需求严重不匹配，对教育的要求无限高，但是对教育的供给严重不足，比如，周末不让学校补课，学生到哪里去？教育行政部门又容易出现"盲人摸象"——乱折腾的问题，出台了很多措施，但这些措施在基层，带来的问题是反复折腾。出现了教育改革的多动症和盲动症，老师改革疲惫、疲劳，没有改革的持续的激情。因为教师的生命质量不高，职业的认同度，包括职业的热情、激情都不充分，当社会没有尊重教师的个体生命，没有尊重他们的生命质量，师生又是共同体，学生的生命质量也就可想而知了。如果不去关注教师的生命价值与质量，教学的改革也是比较难的。过去有一句话，"给教师加压，给学生减负"，那只能是天方夜谭。教师压力越大，学生的压力也越大，因为他们是一个共同体。

区域推进道德课堂，从学生层面克服有几个问题。一是学习动机疲软，学习没有动机，在没有动机下去学习是疲劳的，才是负担过重的。因此，广大教师要在道德课堂中不断开发学习动机，追求了教育的本质问题。二是精神生活的缺失问题。三是行为习惯的失范问题。

不能开发学生学习动机的课堂是不道德的课堂，不能满足学生精神生活需求的课堂是不道德的，不能给学生行为习惯规范的课堂是不道德的。

王红顺：建议道德课堂推进的维度，要从原来归纳的方法转变到现在演绎的方法，即让教师重新审视在课堂上的行为，哪些是符合道德课堂的，哪些是不符合道德课堂的，让教师自己去反思。比如课堂的点拨环节，教师的点拨和学生的点拨不能在同一个层次上，教师的点拨一定要教会学生形成一种思想，一定要高于学生的层次。

李炳亭：我以为教学可以用一句话来概括——教学就是建构生态。这个生态是由学生和学生之间，学生和教师之间，学生和教材之间，学生和环境之间，学生和经验之间等几种关系建构的。教师的作用就是来建构这样一种生态。

道德课堂推进，我的建议是要回到建构上来，比如道德课堂要有基本的流程，要有基本的课堂教学环节，这样便于老师去操作，比如"如何保障学"。我的建议是要有一套模式。有很多人向我提出来要"去模化"，我的解释是，模式这个东西早晚是要去掉的，甚至是当学生拥有了学习能力之后，学校都应该去掉，课堂就应该去掉，但是学生的学习能力从哪里来啊，从课堂上来！先期就要从模式的规范和引导中来，形成学习习惯，形成学习能力。基于这样，我提出学校的产品就是课堂。

教育发现书系隆重推出

类　别	书　名	作　者
高效课堂篇	善待杜郎口——李镇西教学随笔	李镇西 著
	教育即道德	田保华 著
	杜郎口"旋风"（修订版）	李炳亭 著
	高效课堂22条	李炳亭 著
	高效课堂九大"教学范式"	李炳亭 著
	我给传统课堂打0分	李炳亭 著
	课改立场：一个区域教育的实践样本	李炳亭 褚清源 张志博 著
	高效课堂导学案设计	张海晨 李炳亭 著
	问道课堂：高效课堂理念与方法的26个追问	李炳亭 褚清源 著
	发现高效课堂密码	于春祥 著
	中国当代课改档案	李炳亭 洪湖 著
学校管理篇	发现班主任智慧：追求充满人性的教育	郭文红 著
	班级问题诊断	高影 编
	治班有招	高影 编
	治班有道	高影 编
	问题学生诊断	高影 编
	学校管理智慧：教师成长	吴盈盈 编
	学校管理智慧：管的艺术	吴盈盈 编
	学校管理智慧：找到学校的魂	吴盈盈 编
	学校管理智慧：校长成长	吴盈盈 编
	学校智道	褚清源 著
	校长之道	姚文俊 著
教师成长篇	蒋自立与自我教育	蒋自立 著
	李平老师讲语文	李平 著
	做幸福的老师	翟幸福 主编
	使人成为人	司家栋 等著
	课堂问题与争鸣	叶飞 编
	教师成长密码	叶飞 编
	问道中国教育：仰望教育的天空	雷振海 李炳亭 编
	问道中国教育：撬动教育的支点	雷振海 李炳亭 编
	问道中国教育：追寻教育的幸福	雷振海 李炳亭 编
	问道中国教育：改变教育的思维	雷振海 李炳亭 编
	问道中国教育：追溯教育的原点	雷振海 李炳亭 编
区域课改之殷都样板	殷都样板：小学低年级导学案点评	姚文俊 金耀林 主编
	殷都样板：小学英语导学案点评（3—6年级）	姚文俊 金耀林 主编
	殷都样板：小学数学导学案点评（3—6年级）	姚文俊 金耀林 主编
	殷都样板：小学语文导学案点评（3—6年级）	姚文俊 金耀林 主编
	殷都样板：中学导学案点评	姚文俊 金耀林 主编
	为了学生的学	姚文俊 金耀林 主编
	分数大变脸	姚文俊 金耀林 主编
	做智慧教师	姚文俊 金耀林 主编
	模式就是生产力	姚文俊 金耀林 主编
	"主体多元"在殷都	姚文俊 金耀林 主编

地　址：山东省济南市英雄山路189号山东文艺出版社　　　邮　编：250002
购书热线：0531—82098775　　　投稿信箱：jiaoyufaxian@126.com
投稿热线：0531—82098789　　　读者交流QQ群：69362448